見証歷史

铁道兵纪念馆藏品鉴赏

铁道兵纪念馆——编著

中国铁道出版社有限公司
CHINA RAILWAY PUBLISHING HOUSE CO., LTD.

图书在版编目（CIP）数据

见证历史：铁道兵纪念馆藏品鉴赏 / 铁道兵纪念馆编著. —北京：中国铁道出版社有限公司，2024.3

ISBN 978-7-113-31044-8

I. ①见… II. ①铁… III. ①铁道兵-文物-鉴赏-中国 IV. ① K87

中国国家版本馆 CIP 数据核字 (2024) 第 019919 号

书　　名：见证历史——铁道兵纪念馆藏品鉴赏

JIANZHENG LISHI：TIEDAOBING JINIANGUAN CANGPIN JIANSHANG

作　　者：铁道兵纪念馆

责任编辑：马真真　王晓罡　陈　胚　**编辑部电话：**（010）51873343

装帧设计：闰江文化

责任校对：孙　玫

责任印制：赵星辰

出版发行：中国铁道出版社有限公司（100054，北京市西城区右安门西街 8 号）

印　　刷：北京盛通印刷股份有限公司

版　　次：2024 年 3 月第 1 版　2024 年 3 月第 1 次印刷

开　　本：880 mm×1 230 mm 1/32　**印张：**6.75　**字数：**164 千

书　　号：ISBN 978-7-113-31044-8

定　　价：58.00 元

编委会

前言

1948年，中国铁建的前身东北人民解放军铁道纵队组建。1984年，铁道兵集体兵改工。35年间，这支部队战时实施铁路保障任务，和平时期参加国家铁路和国防工程建设，建立了丰功伟绩。为了纪念这支英雄的队伍，2014年1月，铁道兵纪念馆建成，并向全社会免费开放。4800平方米的展陈，反映了中国人民解放军铁道兵35年的艰苦奋斗史、中国铁建的改革发展史和中国铁路的技术进步史。

建馆10年来，铁道兵纪念馆已成为传承红色基因、激发爱国热情、弘扬中国精神、凝聚中国力量的重要阵地，被评为全国爱国主义教育示范基地、全国中小学生研学实践教育基地、科学家精神教育基地和全国铁路科普教育基地。

铁道兵纪念馆的藏品征集工作从建馆伊始就得到了铁道兵老领导、老战士、铁道兵后代和中国铁建全系统及社会各界的广泛支持，一件件藏品从祖国的四面八方汇聚到铁道兵纪念馆，形成了10000多件（套）丰富馆藏。其中，包括毛主席为《铁道兵》报题写的报头、王震上将为石家庄铁道学院题写的校名、崔田民中将和郭维城少将的礼服等珍贵藏品。这些藏品都具有丰富的历史文化内涵，是历史的重要见证。

为使社会各界更好地了解铁道兵纪念馆的特色馆藏，我们精选出100件（套）有代表性的藏品，编辑成了这本《见证历史——铁道兵纪念馆藏品鉴赏》。

入选本书的100件（套）藏品有纪念章、题词、书信、衣物、工具等十几类，从时间上大致可分为解放战争、抗美援朝、和平建设等阶段。解放战争时期，入选的有“登高英雄”杨连第抢修陇海铁路八号桥时用过的工具、铁道兵战士获得的勋章、出版发行的刊物《铁军》等，反映了铁道兵“野战军打到哪里，就把铁路修到哪里”的光荣传统；抗美援朝战争时期，入选的有美军投下的定时炸弹、金日成和朝鲜人民给志愿军的感谢信、铁道兵战士收到的慰问品等，见证了铁道兵战士冒着狂轰滥炸，用鲜血和生命铸就“打不烂、炸不断的钢铁运输线”的豪迈壮举；社会主义建设时期，入选的有“铁道兵硬骨头战士”张春玉的奖状、成昆铁路通车纪念屏风、青藏铁路一期工程图纸等，再现了铁道建设突击队志在四方，为“锦绣山河织上铁路网”的卓越功勋。此外，还有《粤汉铁路蓝图》《中国铁道建设》等民国时期的图纸、书籍，以及五五式、六五式领章和帽徽，1955年授衔时的将军礼服等，是我国铁路发展和军队建设的重要见证。

习近平总书记指出，革命博物馆、纪念馆、党史馆、烈士陵园等是党和国家红色基因库。要把红色资源作为坚定理想信念、加强党性修养的生动教材，讲好党的故事、革命的故事、根据地的故事、英雄和烈士的故事，加强革命传统教育、爱国主义教育、青少年思想道德教育，把红色基因传承好，确保红色江山永不变色。铁道兵纪念馆出版此书，旨在进一步用好红色资源，讲好红色故事，能够让更多的人了解铁道兵的奋斗历程，满足不同类型读者在鉴赏、研究、学习等方面的不同需求。

中国铁建党委副书记、执行董事　倪　真

2024年2月

目录

见证历史

铁道兵纪念馆藏品鉴赏

《粤汉铁路路线全图》蓝图

年代：20 世纪 30 年代

尺寸：长 99 厘米，宽 53 厘米

这是《粤汉铁路路线全图》蓝图，之前由东北人民解放军护路军司令员兼党委书记苏进收藏，后来由其子苏铁山捐赠给铁道兵纪念馆。

粤汉铁路是京广铁路南段广州到武昌的一条铁路旧称，全长 1059.6 公里，于 1900 年动工，1936 年筑成。1936 年 9 月 1 日，粤汉铁路首次通车，由广州黄沙出发，历时 44 小时抵达武昌徐家棚。

蓝图是指用感光后变成蓝色或者其他颜色的感光纸制成的图纸，用于工程设计施工或编绘地图等。早期，设计师都以手绘方式画图。为了快速复制画好的图纸，设计师们想了一个办法：设计稿在白纸上画好后，将半透明的硫酸纸覆盖在白纸上进行描图，然后把硫酸纸作为底图铺在重氮盐感光纸上，用玻璃夹紧，在阳光下暴晒，再使用氨水熏制，这样一份蓝图就绘制成了。图纸是蓝色的，上面有底图的图案。如今，蓝图已经被引申为规划、计划的意思。

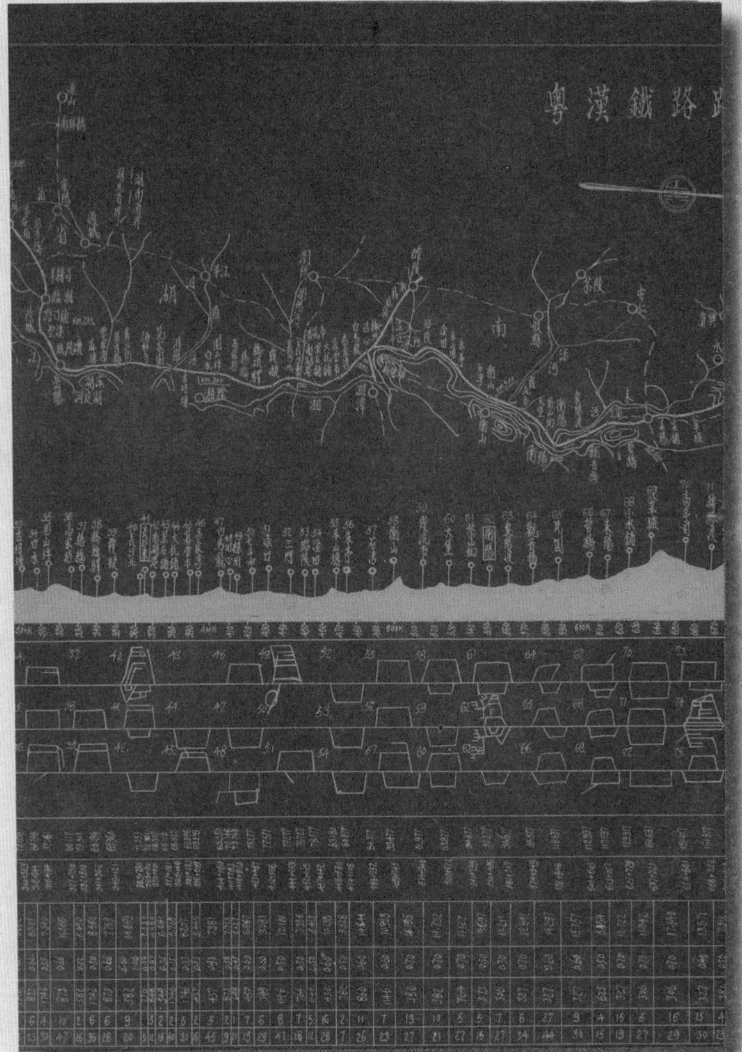
粤漢鐵路

苏进藏书《中国铁道建设》

年代：1945 年 11 月

尺寸：长 22 厘米，宽 14.5 厘米

《中国铁道建设》由张嘉璈著、杨湘年译，1945 年 11 月由商务印书馆出版。这是东北人民解放军护路军司令员苏进的藏书，上面盖有他的藏书印章。

该书前言中写道：在经济方面，铁道建设应为各种事业建设中最重要之一环，原著者根据其服务金融及交通界数十年之经验，精心擘划，主张统一整理旧债，以树立我国债信，从而吸引外资，筹措新路建筑及旧路改善所需之材料，期以十年，修筑铁路一万四千三百英里，并主张铁路之建筑，应兴沿线资源之开发，同时并进；足征识见之卓越，步骤之切实。深信在今后积极建设之程途中，本书当可提供极有价值之参考资料，而为交通界尽人必读之著作也。

苏进司令员在书的空白处做了大量笔记，除了读书心得外，还有铁路抢修相关数据的计量办法，关于现有铁路运输相关数据的补充，关于铁路编组上的注意事项，国家现有铁路各干线、支线里程表，各国国力表和 1929 年各国铁路长度与土地面积及人口比较，最近 5 年全国新修各铁路里程表，将来可修的铁路等内容。当时，全国只有少数地区获得解放，但从苏进司令员留在书上的笔记可以看出，他已经把眼光放在了战后全国铁路的修建上，放在了中国与世界各国国力的比较上。

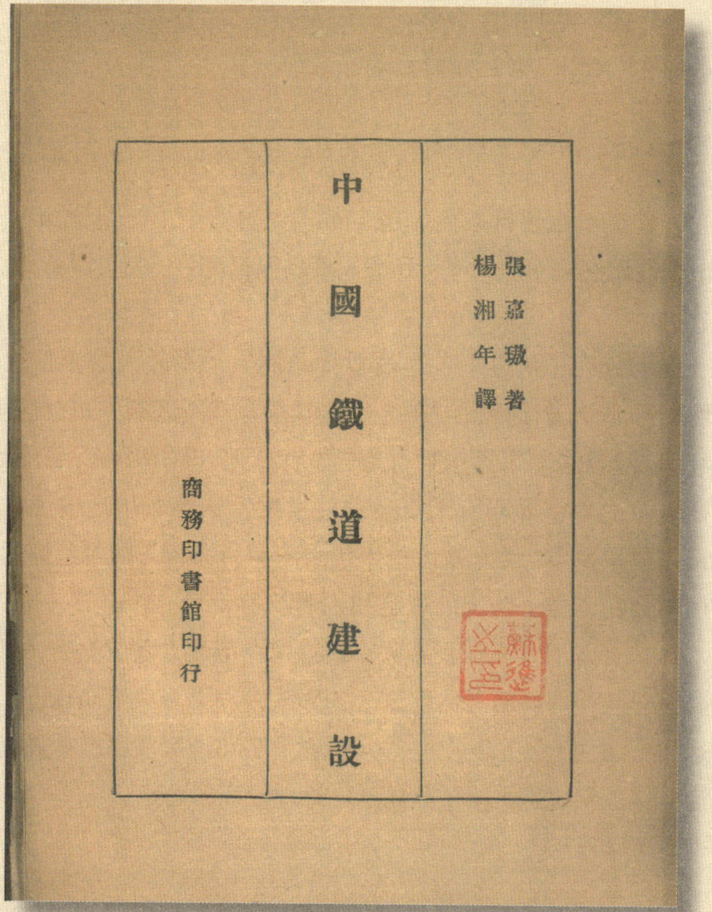
張嘉璈著
楊湘年譯

中國鐵道建設

商務印書館印行

东北民主联军总司令部印发的《铁道军运暂行条例》

年代：1946 年 7 月 10 日

尺寸：长 19 厘米，宽 12 厘米

《铁道军运暂行条例》是 1946 年（中华民国三十五年）七月十日由东北民主联军总司令部印发，藏品保存完好，书页泛黄，32 开本，共 25 页。

全书分为《铁道军事运输暂行条例》《军政人员半价乘车暂行条例》两部分。封面盖有“东北民主联军合江军区第一军分区司令部”的红印。《铁道军事运输暂行条例》有总则、军运手续、配车、运费、纪律五章内容，并印有军事运输请求书、铁路军事运输证、铁路军事记账货票范本。《军政人员半价乘车暂行条例》则对票证的格式、使用与处罚，做了明确的规定和说明。

1946 年 5 月，东北民主联军铁道司令部成立。成立后，以东北民主联军总政治部的名义向解放区各部队颁发了多项纪律规定，《铁道军运暂行条例》就是其中一本，开创了东北地区铁路统一规范管理的先河。这一年也是中国铁路规范化管理的开端之年。

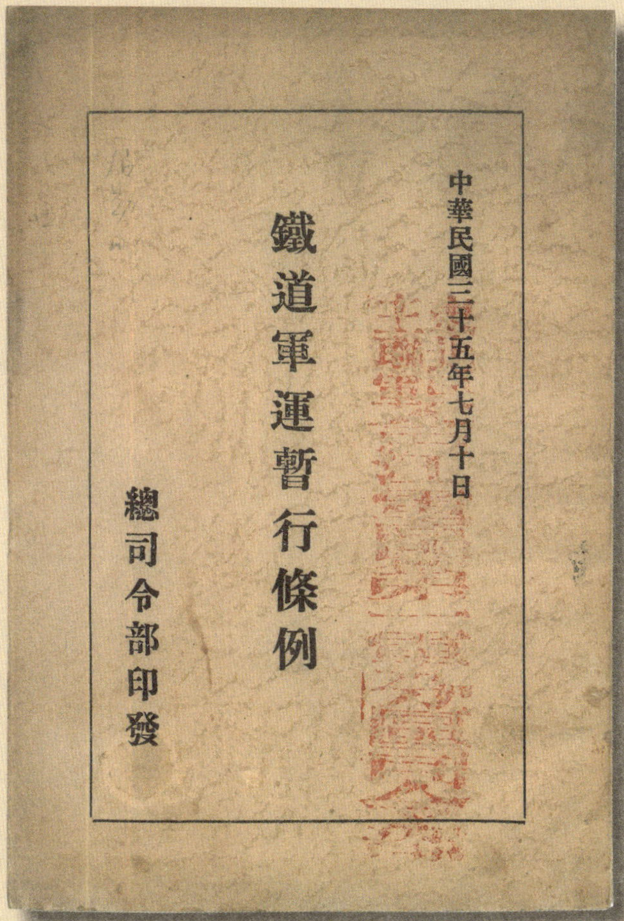
中華民國三十五年七月十日

鐵道軍運暫行條例

總司令部印發

护路军驻哈市部队连以上干部合影

年代：1947 年 1 月 1 日

尺寸：长 21.4 厘米，宽 16.3 厘米

东北民主联军护路军是东北人民解放军铁道纵队的前身，成立于 1946 年，苏进任司令员兼党委书记。东北民主联军护路军为维护接收后的东北铁路交通秩序，保证铁路畅通起到了重要作用。这是 1947 年元旦，护路军驻哈尔滨市部队连以上干部合影（前排右九为苏进）。

护路军的前身是 1945 年 8 月成立的东北民主联军护路部队。

一九四七年元旦護路軍駐哈市部隊連以上幹部攝影 苏進

东北民主联军护路军印发的《关于整党学习指示》

年代：1948 年 2 月 7 日

尺寸：长 38.2 厘米，宽 26.5 厘米

这是 1948 年 2 月 7 日，东北民主联军①护路军政治部在哈尔滨印发的《关于整党学习指示》。

1945 年 8 月，东北民主联军成立第一支护路部队；1946 年 5 月，成立东北民主联军铁道司令部；1946 年 12 月，改称东北民主联军护路军，苏进为司令员。1946 年 5 月至 1948 年 7 月 5 日，中国人民解放军铁道纵队成立。在中国共产党的领导下，护路军在规范军事运输管理、组建护路军队伍、维护解放区铁路行车安全和改造护路军队伍四个方面做了大量工作。

《关于整党学习指示》是改造护路军队伍工作的历史见证者。由于护路军是在城市中发展起来的，成分复杂，除一些来自解放区的队伍外，多数是城市小资产阶级和游民，还有部分学生、商人、旧职员、老铁路工人，很多人当兵动机不纯，队伍稳定性不好，要使这样的队伍形成战斗力，必须加强政治工作。护路军领导机关不断对队伍进行政治整训。一是请求上级增派政治干部；二是严格党员管理，强调发挥党员作用；三是进行人民军队的传统教育；四是进行关于部队性质、任务、纪律的教育。通过以上措施，队伍的纯洁性、战斗力不断增强，成为一支敢打必胜的“人民铁军”。

① 1948 年 1 月，东北民主联军改称东北人民解放军。

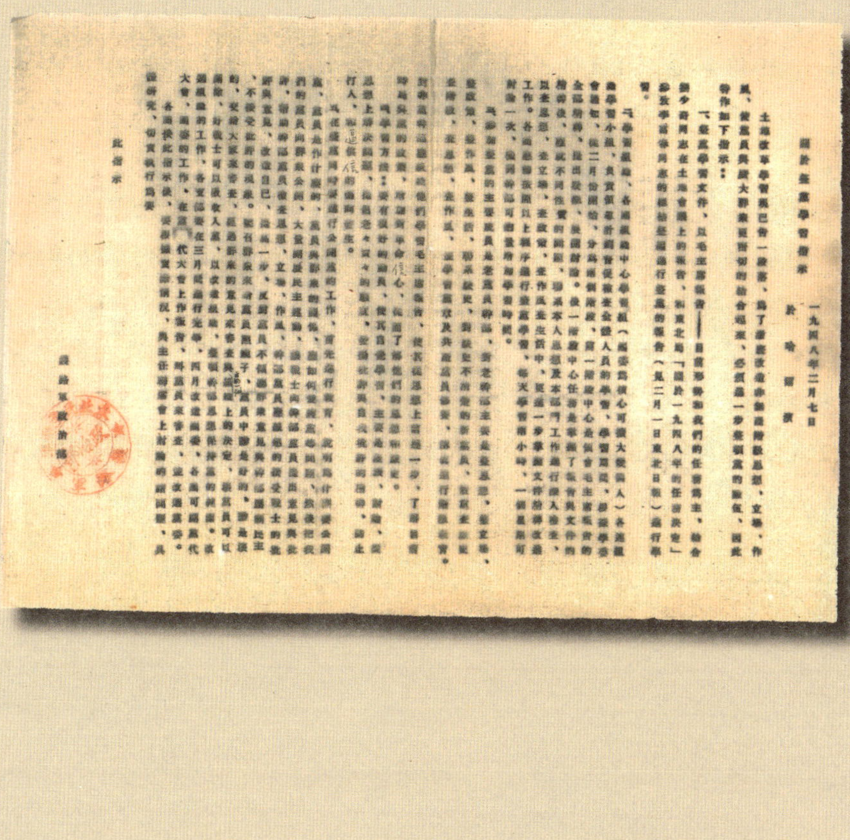

關於整黨學習指示

一九四八年二月七日　於哈爾濱

土地改革學習既已告一段落，為了徹底改造非無產階級思想、立場、作風，使黨員與廣大群衆更密切的結合起來，必須進一步整頓黨的隊伍，因此特作如下指示：

一、整黨學習文件，以毛主席報告——目前形勢和我們的任務為主，結合劉少奇同志在土地會議上的報告，和東北局「關於一九四八年的任務決定」參及學習[illegible]同志的總結整編進行整黨的報告（見二月一日東北日報）進行學習。

二、學習組織，各級組織中心學習組（以黨委為核心可擴大發展人）各支部為學習小組，負責領導所屬黨員及全體人員的學習。學習期限，[illegible]會通知，從二月份開始，分為兩個階段，第一階段中心是領會毛主席報告的全部精神，提出疑難，展開討論。第二階段中心任務是掌握了報告與文件的精神後，經過不同性質的調查，聯系本人思想及本部門工作進行深入檢查，以查思想，查立場，查政策，查作風，並作風生活中，使進一步掌握文件精神改造工作。各級必需按照以上程序進行整黨學習，每天學習兩小時，一個星期可討論一次，[illegible]必需增加學習時間。

三、學習整黨的主要對象是黨員與老黨員幹部，對老幹部主要是查思想、查立場、查政策、查作風、聯系歷史，對歷史不清楚的新黨員，要查家庭出身、查思想、查作風，並學習黨章及共產黨員修養，以提高進行階級教育。

四、對非黨幹部要根據他們學習毛主席報告，使其從思想上前進一步，了解當前時局與黨的政策，增加對革命信心，確立了他們的思想和立場。

五、學習方法：要有很好的組織，使其自覺學習，主要是自讀、討論、提出思想上的疑問，[illegible]，防止行人，[illegible]的偏向發生。

六、在整黨同時要進行公開黨的工作，首先進行教育，說明為什麼要公開黨，黨員在工作中的[illegible]，黨員與群衆的關係，應如何更好的為群衆服務，然後把我們的黨員向群衆公開，大家經過民主選舉，由戰士向幹部黨員提出意見與批評，幹部黨員要虛心接受群衆的批評，經過批評意見，改造自己，前進一步，反對黨員不願公開、不接受批評的現象。[illegible]，以改造組織，並[illegible]群衆選舉支部的工作，各支部要在三月底進行完畢，四月改選支委、各級可召開代大會，黨委的工作，在黨代大會上作報告，並改選黨委。

各級接此指示後，要根據實際情況，與主任聯席會上討論的[illegible]研究，切實執行為要

此指示

護路軍政治部

铁道纵队成立处哈尔滨极乐寺照片

年代：1948 年

尺寸：长 11.2 厘米，宽 8.4 厘米

1948 年夏，辽沈战役即将打响。为保障解放战争期间大兵团作战的部队调动、粮弹补给和重型装备运送，中共中央东北局、东北军区决定以护路军为基础，组建东北人民解放军铁道纵队。1948 年 7 月 5 日，铁道纵队成立大会在极乐寺举行。东北局任命黄逸峰为铁道纵队首长（铁路修复工程局局长），东北军区副政委罗荣桓、副司令员吕正操宣读有关决定。

极乐寺始建于 1923 年，位于哈尔滨南岗区，是东三省四大著名佛教寺院之一。2018 年 7 月 3 日，在中国铁建暨铁道兵成立 70 周年之际，“中国人民解放军铁道纵队成立处”纪念碑在哈尔滨极乐寺落成。

極樂寺

《铁军》报增刊第 1 期

年代：1948 年 10 月 1 日

尺寸：长 19 厘米，宽 13 厘米

1948 年 7 月 5 日，东北人民解放军铁道纵队成立，随后党的机关报《铁军》就出版了。截至 1949 年 8 月 6 日，共出版 17 期。这是《铁军》报增刊第 1 期。

《铁军》报先后更名为《铁军报》《人民铁军》《铁道兵》《铁道工程报》，现名为《中国铁道建筑报》。作为中国共产党领导下在战争年代创办的报纸，它是目前全国性行业报纸中创办时间最早的报纸之一，也是跨军企两界创办时间最长的报纸。

鐵軍
增刊
（對內刊物不得遺失）
（本期發到連以上黨員幹部）
1
東北人民解放軍鐵道縱隊
政治部鐵軍報社出版
一九四八年十月一日
目錄
在鐵縱幾個部隊中所見領導方式方法的批判
附錄
統一意志統一行動統一紀律

解放战争时期铁道兵用过的军号

年代：1948 年

尺寸：长 34 厘米，宽 12 厘米

这是铁道兵战士在解放战争期间使用过的军号。

军号由号嘴、号身、号碗、连接箍等部分组成，外形与乐队用的小号相似，但无活塞。军号的体积小，重量轻，便于携带，通信迅速，示知面广，可达 600 米至 1500 米。军号主要用于传达命令、报告、报时，以及敌我识别、发放警报等。在战斗中使用军号，还有鼓舞士气、震撼和迷惑敌人的作用。在侵朝美军第八集团军司令李奇微的《朝鲜战争回忆录》里，对中国人民志愿军的军号有过这样一段描述："这是一种中国式的精神战，这种精神战我们后来既熟悉，又头疼。"

铁道兵缴获的国民党军用望远镜

年代：1948 年

尺寸：长 15 厘米，宽 10 厘米，高 4 厘米

这是铁道兵缴获的国民党军的军用望远镜，是世界精密机械巨头德国的卡尔蔡司牌。

望远镜镜身由黄铜制成，呈金黄色，中间为镜筒活动连接处，使用时可根据两眼之间的距离进行调节，以便更好地观测事物。两个镜筒中间用坚实的牛皮包裹，既减轻了手上汗渍对镜身的侵蚀，还能增加摩擦力。

通过该望远镜能看清两三千米远的物体。

淮海战役胜利纪念章

年代：1949 年 1 月 10 日

尺寸：通径 3.7 厘米

纪念章正面主体图案为左右各六支相互交叉带刺刀的步枪托起一颗红五星，中间为水波纹，上部有“淮海战役胜利纪念”字样，下部有“中原人民解放军”字样。

纪念章背面有“1948.11.5—1949.1.10 中原军区制”字样，记录了颁发单位和淮海战役的起止日期。

淮海战役是解放战争时期中国人民解放军华东野战军、中原野战军在以徐州为中心，东起海州（今连云港市海州区），西至商丘，北起临城（今枣庄市薛城区），南达淮河的广大地区，对国民党军队进行的战略性决战。淮海战役是三大战役中的第二个战役，也是解放军牺牲最重、歼敌数量最多、政治影响最大、战争样式最复杂的战役。

中国人民解放军铁道兵部队在淮海战役中担负着为野战军提供及时、高效的铁路运输保障任务。铁道部队早在 1956 年便开始承担护路任务，包括绥佳、绥滨、中长等铁路的修复任务，目的是打通东北与华北、西北的联系。

铁道部队负责修建了徐州以东的台儿庄、枣庄、临城、韩庄等地的铁路桥，以及徐州以西的韩庄、台儿庄、峄县等地的公路桥。铁道兵还负责修建了徐州以北的津浦铁路线上的许多桥梁，以及徐州以南的陇海铁路线上的部分桥梁。

淮海战役中，铁道纵队修建的主要铁路包括津浦铁路、陇海铁路、平汉铁路等。具体来说，铁道纵队在淮海战役期间修建了津浦铁路徐州至蚌埠段、陇海铁路徐州至连云港段和平汉铁路的郑州至石家庄段等。

为纪念淮海战役的全面胜利，中原军区向参加战役的中原野战军指挥员、支援前线立功的民兵及后方人员颁发了淮海战役胜利纪念章。

渡江胜利纪念章

年代：1949 年 4 月 21 日

尺寸：通径 3.2 厘米

纪念章由红铜制成，徽章图案波澜壮阔，气势恢宏。正面图案是波涛滚滚的长江，江面上排列着扬帆的战船，战船在汹涌的惊涛中逼向长江南岸，炮弹在四周击起水柱，空中硝烟弥漫，英勇善战的解放军战士手持刺刀长枪冲锋陷阵，奋不顾身登上江南大地，构成一幅令人惊心动魄的壮观场面，下方铸有“渡江胜利纪念”字样。

纪念章背面有“中国人民解放军华东军区颁发”“1949 年 4 月 21 日”字样。

渡江战役是解放战争时期，中国人民解放军第二、三野战军和第四野战军一部，在长江中下游强渡长江，对国民党军汤恩伯、白崇禧两集团进行的战略性进攻战役。

1949 年 4 月 20 日夜，中国人民解放军强渡长江，向国民党军发起大规模战略进攻。最终，解放军占领南京、上海、杭州和武汉等大城市。至 6 月 2 日渡江战役胜利结束，为人民解放军继续前进、南进，解放南方各省，创造了有利条件。

在渡江战役中，铁道纵队修复了津浦铁路北段陈官屯至桑梓店段，津浦铁路淮河大桥和蚌埠至浦口段，沪宁铁路，平汉线郾城至驻马店段；抢修滦河铁桥、长台关淮河大桥和信阳浉河大桥；并且承担运输部队渡江作战和渡江后继续南下所需军用物资及重型装备的任务。

为纪念渡江战役胜利，中国人民解放军华东军区向参战官兵颁发了纪念章。

渡江勝利紀念

刘居英的委任令

年代：1949 年 5 月

尺寸：长 40 厘米，宽 33.5 厘米

1949 年 5 月，毛泽东、朱德、刘少奇、彭德怀、周恩来签发任命书，任命刘居英为中国人民革命军事委员会铁道部东北铁路总局第一副局长，上面盖有中国人民革命军事委员会的红印章。

开国将军刘居英从小投身革命，一生颇具传奇色彩。他以东北流亡学生身份考入北京大学，后来成为新中国铁路交通建设的奠基者之一。抗美援朝战争中，34 岁的刘居英任中朝前方铁道司令部司令员兼政委。司令部统一计划组织军事运输，监督铁路局完成军运任务。1978 年 5 月至 1983 年，刘居英任铁道兵副司令员，奉命率部队出征：参加对越边境自卫反击战，指挥铁道兵完成交通运输保障任务；几上青藏高原，指导青藏铁路一期工程建设；参与“引滦入津”、兖（州）石（臼所）铁路等国家重点工程建设。2015 年 12 月，刘居英在北京逝世，享年 98 岁。

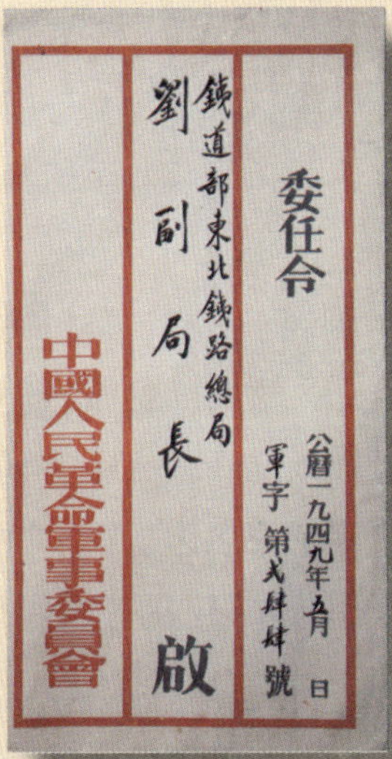
委任令

公曆一九四九年五月　日

軍字　第弍肆肆號

鐵道部東北鐵路總局

劉副局長　啟

中國人民革命軍事委員會

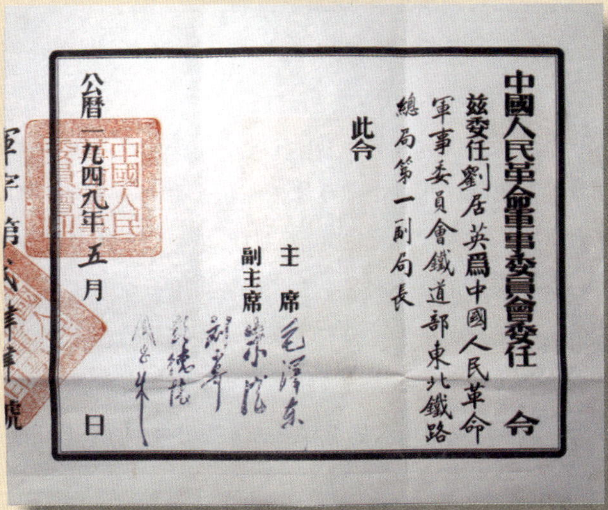
中國人民革命軍事委員會委任令

茲委任劉居英爲中國人民革命軍事委員會鐵道部東北鐵路總局第一副局長

此令

主席　毛泽东

副主席

公曆一九四九年五月　日

軍字第[illegible]號

刊登《中国人民解放军铁道兵团成立》消息的《新民报》

年代：1949 年 5 月 31 日

尺寸：长 38 厘米，宽 27 厘米

1929 年，《新民报》创刊于南京，是当时在全国范围内具有很大影响力的报纸，先后有南京、重庆、成都、上海、北平等版。抗日战争时期，《新民报》积极宣传抗日；抗日战争胜利后，《新民报》主张和平，反对内战。1958 年，更名为《新民晚报》。

1949 年 5 月 31 日发行的第 147 期《新民报》刊登了铁道兵团成立的消息，全文如下。

主标题：中国人民解放军铁道兵团成立

副标题：滕代远部长兼任司令员

本报讯：

中国人民革命军事委员会铁道部顷奉中央军委会五月十六日电令："着令原第四野战军之铁道纵队司令部与铁道部合并后，成立属于中国人民解放军正式系统之中国人民解放军铁道兵团，归铁道部长直接领导，并以滕代远兼铁道兵团司令员，吕正操兼副司令员。铁道兵团司令部业务，除另成立参谋处外，统由铁道部分别兼管。如有铁道部不能兼管的业务，立机构，铁道兵团下辖第一、第二、第三、第四，四个支队。"铁道部滕部长、吕副部长已遵令即日就职，并组成中国人民解放军铁道兵团司令部、政治部、工程部，开始工作。

在该团成立大会上，滕司令员号召全体指战员虚心向社会主义建设铁路

先进的苏联学习，要把学习技术当作我们的工作任务，以胜利完成全国人民铁道的建设。

北平新民報日刊

中華民國三十八年五月三十一日

星期二

新民報

北平軍管會公布

關於北平市轄區農業土地的決定

根據農地佔有與使用情況

規定處理辦法十二條

中共中央電賀上海解放

鄂南解放三城

大軍指向湖南

淞滬警備司令部成立

中蘇捷人民緊緊携起手來

為世界持久和平奮鬥到底

我和平代表團電謝蘇捷兩國款待

平各界今晚會歡送

出席世界工聯代表

中國人民解放軍

鐵道兵團成立

滕代遠部長兼任司令員

在蔣賊指揮之下

匪幫會瘋狂破壞

堅持殘酷鬥爭中的兩個小學

杨连第抢修陇海铁路八号桥使用的工具

年代：1949 年 9 月

1949 年，为解放大西北，铁道兵团奉命抢修陇海铁路。杨连第所在的部队担负抢修八号桥的任务。

八号桥位于河南省境内，高 45 米，是旧中国第一高桥。当时，大桥已被国民党军队破坏，只剩 5 个光秃秃的桥墩。因没有登高设备，部队如何登上墩顶抢修，是一大难题。

杨连第发现，桥墩上每隔几米就有一块铁夹板，铁夹板上有直径几厘米的圆孔。他提出，可以做一个带钩的杆子，钩住铁夹板后顺杆往上爬，通过搭“单面云梯”的方法登了上去。

杨连第身先士卒，带领战友们成功登上墩顶，并以一块木板作掩护，在墩顶连续爆破百余次，顺利铲平墩顶。1949 年 10 月 18 日，陇海铁路八号桥提前 20 天修通，杨连第被授予“登高英雄”称号。

1952 年 5 月 15 日，杨连第在朝鲜战场抢修清川江大桥时，一颗定时炸弹突然爆炸，夺去了他年轻的生命，牺牲时年仅 33 岁。

他牺牲后，志愿军领导机关追记杨连第同志特等功，授予“一级英雄”称号，命名他生前所在连队为“杨连第连”。铁道部将陇海铁路八号桥更名为“杨连第桥”，并在桥头竖立纪念碑。2019 年，杨连第又获得了“最美奋斗者”荣誉称号。杨连第所在的团转变为如今的中铁十一局集团第一工程有限公司。“杨连第连”则更名为“杨连第队”，继续在新时代传承着“登高精神”。

《天津日报》刊登《记全国最高桥梁八号桥的修复》的报道

年代：1949 年 12 月 26 日

尺寸：长 39 厘米，宽 32 厘米

这是 1949 年 12 月 26 日《天津日报》第 217 期第四版刊出的通讯，文章题目为《记全国最高桥梁八号桥的修复》，作者是北京铁道兵团政治部吴人中。

报道中写道：

陇海铁路洛潼段上，观音堂以西三公里处的崇山峻岭中，有一座夹在两山中间两端贯穿着三座山洞的高大桥梁，那就是有名的全国最高桥梁洛潼段三大险工之一的八号桥了。

全桥共有桥墩五座，桥眼六孔，全长一五二米，高四十五米，桥梁东岸就是飞陡的槐沟山，铁道就从槐沟、乾濠两座山洞内穿过去，桥梁西岸就是和槐沟山对峙的西山，铁道就从由西山顶上直上直下挫下来的深切石沟内，步步上坡爬进硖石山洞里。惊人的高度，险峻的地形，这就是之所以构成洛潼段唯一险工的原因。

该桥修建于一九二二年，为法、比工程师共同设计施工，先后历时四年之久才竣工。一九四四年日寇进攻中原时，国民党狼狈溃逃，将它彻底破坏。日寇投降后，国民党为了赶快通车，就在所谓“美国工程使节团”的“高明”工程师设计之下，决定先搭木架桥通车，然后用洋灰打墩，先后历时二年之久，未及架梁，解放大军就渡越了黄河，该桥又一次遭到国民党匪帮的严重破坏。原来的木架桥被火烧光了，只在洋灰墩的四角上留着一块块的木架残骸，四

孔钢梁翻倒在山坡上，只露着一块块被炸后的缺口和残骸。东西桥台轰炸后，大部坍塌了。孤零零的五座洋灰桥墩，遍体鳞伤的像几座万年古塔，在高空中矗立着。桥下滔滔巨流的涧河两岸上，铁片、坏钢轨、碎石、炸坏的洋灰块，满目狼藉地散在着。

文章分为六部分：

一、完成八号桥，修建陇海路（附图：被破坏的八号桥残景）。

二、搭起云梯，顺利登高（附图：利用突出墩面的铁夹板架起的云梯）。

三、二号墩顶的搏门（附图：用吊车架起第一空小梁）。

四、战斗在山洞里（附图：用苏联式双臂架梁机架起第二空大钢梁）。

五、伟大的帮助（附图：修复通车的八号桥）。

六、修复八号桥的英雄们。

一九四九年十二月二十六日（星期一）

記全國最高橋樑八號橋的修復

北京鐵道兵團政治部　吳大中

一、完成八號橋，修建隴海路

四、戰鬥在山洞裏

六、修復八號橋的英雄們

“登高英雄”杨连第生前日记簿

年代：1951 年 12 月 31 日

尺寸：长 16.8 厘米，宽 11 厘米

日记中记录了杨连第写给父母的信以及他生活的点滴。

日记本左页文字：

1951 年 12 月 31 日，勤看、勤读、勤问、勤写，是文化学习重要的四点。只要坚持，一定可以学得好。

日记本右页文字：

父母大人，自从前些日子见面后不久，我们就离开了天津，以后又到山海关唐山，现在在保定，每天作报告。我现在一切很好，请大人不要挂念我。捎去的东西你们收到没有？给他们都送去了没有？旧年节快到了，希望大人注意身体，愿你们快乐的过年。接到信后望来信才好，回信可寄石门军分区政治部转交志愿军战斗英雄归国代表交儿即可。

楊連第
獻給
英勇的中國人民志願軍
全體指戰員們！
江西省金谿縣第二區人民敬贈

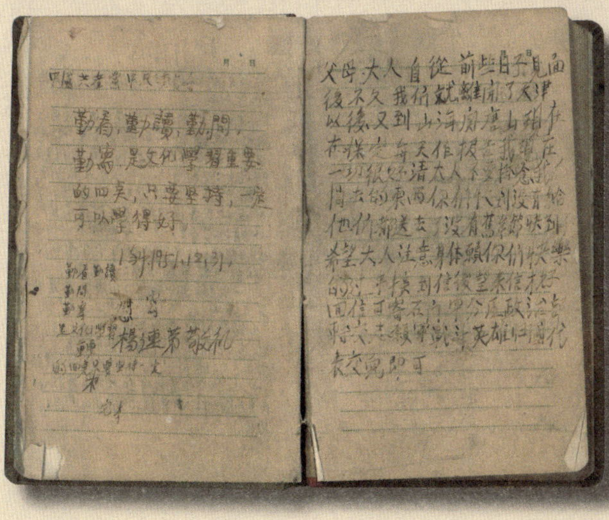
勤看，勤讀，勤問，
勤寫，是文化學習重要
的四点，只要堅持，一定
可以學得好
楊連第敬礼
父母大人自從前些日子見面

中国人民志愿军归国观礼代表团合影

年代：1951 年 9 月

尺寸：长 23.5 厘米，宽 18 厘米

1950 年 11 月上旬，铁道兵入朝作战，筑起了“打不烂、炸不断的钢铁运输线”。作为全国闻名的战斗英雄，杨连第在朝鲜战场上身先士卒，多次立功。抢修鸭绿江便桥时，杨连第所在连队连夜运输枕木，人均往返距离达 70 公里。抢修沸流江大桥时，杨连第摸清敌机规律，开创朝鲜战场上白天抢修铁路的历史。1951 年 7 月，朝鲜北部遭遇 40 年一遇的大洪水，杨连第带领战士们搭设浮桥 12 次，提前修复清川江大桥，连队荣立集体二等功。

1951 年 9 月，杨连第出席铁道兵团首届庆功大会，当选为志愿军归国观礼代表团代表，列席中国人民政治协商会议第一届全国委员会第三次会议，受到毛泽东主席的接见。

1951 年国庆期间，毛泽东、朱德在中南海怀仁堂设宴招待志愿军回国参加国庆观礼的英模代表并合影。合影中后排右五为杨连弟。

铁道兵团一支队奖章

年代：1949 年 12 月

尺寸：通径 4.5 厘米

奖章为铜质，主体图案由红五星和齿轮形象交织在一起构成。红五星的四个角上有“人民功臣”字样，中间是钢轨的横截面，与钢轨交叉的是步枪和锤子，反映部队既是战斗部队，又是工程部队。奖章背面有奖章的编号“No.094”，以及“铁道兵团一支队奖”“1949 年 12 月”字样。

中国人民解放军铁道纵队成立后，纵队部设在哈尔滨，受东北人民解放军总部和东北交通委员会双重领导。纵队下辖一、二、三、四支队，每支队编两个大队。一支队由护路军铁道一团和嫩江军区独立第三团组成，于磊为支队长，杜国平为政治委员。根据东北野战军的战役计划对铁路运输的要求，一支队参加围攻锦州的作战，后来还参加了平津战役，以及陇海铁路八号桥的抢修等。1949 年 5 月 16 日，中央军委命令，铁道纵队改编为中国人民解放军铁道兵团。1950 年 8 月 1 日，部队开始整编，原一支队编为第一师，任命刘克为师长，郭延林为政治委员。

鉄道兵团一支隊奬
1949年12月

华北解放纪念章

年代：1950 年

尺寸：通径 3.6 厘米

纪念章为铜质，正面为嘉禾图案簇围着一名英姿飒爽的解放军战士，解放军战士持枪站立，身后是万里长城和八一军旗，纪念章下方有“华北解放纪念”六个字。纪念章另一部分由横幅红面黄杠的绶带组成，绶带为长方形，上下边为铜质，中间布质，与章面连成一体。纪念章整体看上去金光闪闪，威武豪迈，气壮山河。

纪念章背面有“1950”字样，体现了颁发时间。

铁道兵团在华北解放行动中主要抢修平汉线和北同蒲铁路。具体抢修了平汉线北段（保定—石家庄—安阳），北同蒲铁路皇后园至史家岗线路段。

新中国成立后，华北人民政府和华北军区为表彰解放华北区参战人员，经报请中央人民军事委员会批准，决定颁发华北解放纪念章。

八一
華北解放紀念

解放华中南纪念章

年代：1950年

尺寸：通径3.5厘米

纪念章正面图案中心为身背步枪的军人手持八一军旗，红色军旗上有“解放华中南纪念章”铭文，中间环以金黄色麦穗，外环为金黄色齿轮，下有“1950”红色字样。纪念章背面有“中南军政委员会颁发”字样。

1949年7月，国民党溃退时破坏粤汉铁路线大小桥梁50座，云溪至岳阳间、衡山至大堡间铁路线被毁30余里。铁道兵团先后修复了粤汉线蒲汨段全部线路和桥梁，株洲至衡阳间的铁路，抢修新岩下、曲江、小溪4座桥梁。修复湘江大桥，以及湘桂线紫溪以西、大溶江车站以东19座桥梁。铁道兵彻底打破了白崇禧的粤汉线、湘桂线三年内无法修复的断言。

渡江战役结束后，在中南、西南方向，国民党还有白崇禧、胡宗南两个军事集团负隅顽抗。遵照中共中央军委指示，1949年7月，中国人民解放军第四野战军发起宜沙、湘赣等战役，逼近长沙。1950年，为祝贺中南地区解放，中南军政委员会向所有参战官兵和其他人员颁发解放华中南纪念章，发行量是200万枚。

解放華中南纪念章
1950

斯俊立功喜报

年代：1950 年 8 月 2 日

尺寸：长 26.5 厘米，宽 19.5 厘米

喜报内容：

你的斯俊同志，在修复京汉路安阳桥中为祖国为人民立下功劳。我们除了给斯俊同志记大功一次并予庆功外，特向你报功并感谢你对斯俊同志的帮助和鼓励，谨祝全家安好。

落款：

中国人民解放军铁道兵团机械筑路工程总队。

1950 年 1 月至 5 月的某天，在京汉铁路修复安阳铁路桥工程中，斯俊路过集市发现有大量鲜鱼售卖。他上前询问老乡，一个人怎么打到这么多鱼。得到的回复是，在桥基附近捕捞所得。斯俊联想到连年战争导致桥基年久失修，可能存在大量空洞。于是，他主动跳到水中探测，果然发现桥梁 P2 桥墩下部出现了直径一米多类似马蜂窝状空洞。斯俊立即向上级汇报，并拦下正欲通过的大量部队车辆，从而避免了重大安全事故的发生。斯俊随后参与了大桥抢修，并于 5 月份完成，在 8 月份召开的庆功大会上被“记大功”并发立功喜报。

立功喜報

榮字第壹號

你的斯俊同志：

在修復京漢路安陽橋中為祖國，為人民立下功勞。我們除了給斯俊同志記大功一次並予慶功外，特向你報功並感謝你對斯俊同志的幫助和鼓勵

謹祝

全家安好

中國人民解放軍鐵道兵團機械築路工程總隊

總隊長 李溫平

政委 張學儒

主任 婁源

副主任 范子蘭

一九五〇年八月二日

苏进的全国战斗英雄代表会议代表证

年代：1950 年 9 月

尺寸：长 15 厘米，宽 7.3 厘米

1950 年 9 月 25 日至 10 月 2 日，由中央人民政府政务院召开的全国战斗英雄代表会议和全国工农兵劳动模范代表会议在北京同一会场同时举行。全国战斗英雄代表会议代表 360 人，全国工农兵劳动模范代表会议代表 462 人，全国战斗英雄代表会议的国民党军起义部队代表 64 人，出席了会议。

出席会议的英雄、模范代表，在各种岗位上，发扬着大无畏的英雄气概，屡建功绩。在部队代表中，立过特等功 1 ~ 9 次的有 78 人，立过大功 3 ~ 11 次的有 36 人。这次会议是在中国人民革命在全国范围内取得基本胜利的形势下召开的。会议期间，毛泽东代表中国共产党中央委员会致贺词；朱德、刘少奇、周恩来、陈云、聂荣臻、罗荣桓出席会议并发表讲话；英雄、模范报告了自己的主要事迹，互相交流了战斗和工作经验；萧华作了总结报告。

“登高英雄”杨连第也出席了此次会议。

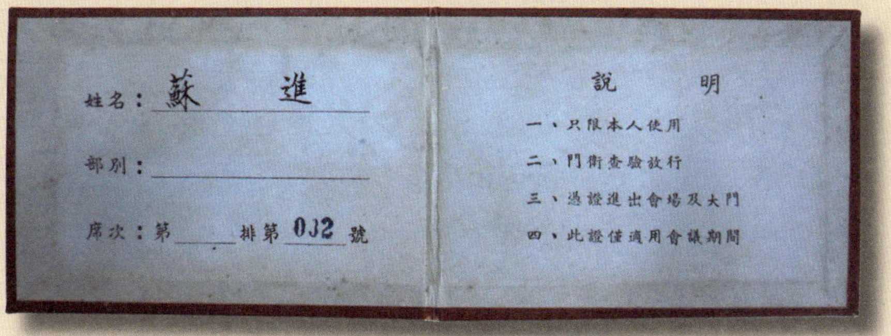
姓名：蘇　進
部別：
席次：第____排第 0J2 號
說　　明
一、只限本人使用
二、門衛查驗放行
三、憑證進出會場及大門
四、此證僅適用會議期間

中国人民解放军铁道兵团干部学校建校周年纪念章

年代：1951 年

尺寸：通径 3.9 厘米

徽章上部为一面八一军旗，军旗下是钢轨横断面形状，意为学校与铁路息息相关。铁轨下方是一个展开的书页形象，上有“建校周年纪念”字样，书页下方是红色飘带，中有“中国人民解放军铁道兵团干部学校”字样。左、右两侧分别是齿轮和麦穗造型。齿轮中有“团结紧张活泼严肃”八个字，这八个字是抗日战争期间，毛泽东主席为中国人民抗日军事政治大学的题词，后被广泛运用于教育行业作为训诫。

1950 年 9 月，为有计划地培养与提高干部的政治觉悟及军事、工程、技术、文化水平，铁道兵团在北京成立铁道兵团干部学校，第一批学生是兵团排以上干部 500 人。当年 11 月，铁道兵团干部学校迁址洛阳。次年 12 月，迁至石家庄。1954 年 4 月，该校更名为铁道兵学校，师级建制。1961 年，改称第一铁道兵学校，学校开始通过全国统一高考招收大学本科学员。1962 年 6 月，第一铁道兵学校更名为铁道兵学院，升格为军级建制，学院成为一所培养行政、技术等综合性人才的军队高等院校。1969 年 2 月，根据《军队院校调整方案》，铁道兵学院撤销，重新组建了铁道兵学校，执行军级权限。1976 年，铁道兵学校改称铁道兵技术学校。1978 年，铁道兵技术学校改称铁道兵工程学院。1979 年，铁道兵工程学院被列为全国全军重点高等院校，成为首批学士学位授权单位。1984 年，该校更名为石家庄铁道学院。

2000 年，石家庄铁道学院被移交河北省人民政府管理。2010 年 3 月，石家庄铁道学院更名为石家庄铁道大学。在 34 年的军旅生涯中，学校向部队共输送了 2 万余名专业技术干部和基层指挥员，为加速铁道兵部队正规化、现代化建设和国家军事交通建设、国家铁路网的建设，提高铁道兵部队的战斗力作出重大贡献。

《全国工农兵劳动模范代表会议》纪念刊

年代：1951 年 4 月

尺寸：长 27 厘米，宽 24 厘米

《全国工农兵劳动模范代表会议》纪念刊，书号 0963，由全国工农兵劳动模范代表会议纪念刊编辑委员会编辑。全国工农兵劳动模范代表会议的召开，是中华人民共和国开国以来的一件大事，大会主席团为纪念会议并扩大其在群众中的影响，特编印纪念刊。该纪念刊于 1951 年 4 月由人民出版社出版，新华书店发行。

1950 年 9 月 25 日，全国工农兵劳动模范代表会议在中南海怀仁堂开幕，会议代表 464 人，中央人民政府授予全国劳动模范称号 464 人。中央人民政府主席毛泽东，副主席朱德、李济深、张澜出席。朱德主持开幕式，政务院副总理陈云致开幕词，毛泽东致祝词。10月 2 日大会闭幕。

书中“部队劳动模范代表铁道兵团”部分列出了铁道兵王志林、何金山、李文柱、杨连第、赵志成、王三、王仲勇、汪清和、李子敬、李彦西、李建元、李德昌、李树珍、武德仁、段银贤、库尔班诺夫、蒲根桂和刘辰柱。

开篇祝词：

全国战斗英雄代表会议和全国工农兵劳动模范代表会议的代表同志们！中共中央向你们的会议致热烈的祝贺，并向你们的工作表示感谢和敬意。你们在削减敌人的斗争中，在恢复和发展工农业生产的斗争中，克服了很多的艰难困苦，表现了极大的勇敢、智慧和积极性。你们是全中华民族的模范人物，

是推动各方面人民事业胜利前进的骨干，是人民政府的可靠支柱和人民政府联系广大群众的桥梁。

中国共产党中央委员会号召全党党员和全国人民向你们学习，同时号召你们，亲爱的全体代表同志和全国所有的战斗英雄、劳动模范同志们，继续在战斗中学习，向广大人民群众学习。只有决不骄傲自满并且继续不疲倦地学习，才能够对于伟大的中华人民共和国继续作出优异的贡献，并从而继续保持你们的光荣称号。

中国必须建立强大的国防军，必须建立强大的经济力量，这是两件大事。这两件事都有赖于同志们和全体人民解放军的指挥员、战斗员一道，和全国工人、农民及其他人民一道，团结一致，协同努力，方能达到目的。当此中华人民共和国开国第一个国庆纪念节日快要到来之际，你们在这里开会，是有巨大意义的。我们庆祝你们的会议获得成功，庆祝你们在今后工作中获得伟大的胜利。

中国共产党中央委员会

一九五〇年九月二十五日

铁道运输司令部司令员刘居英的特别通行证

年代：1951 年 4 月 15 日

尺寸：长 9.9 厘米，宽 7.1 厘米

该通行证由中国人民解放军东北军区司令部办公厅制发，编号为43号，是铁道运输司令部司令员刘居英的通行证。

本证有效范围：

（一）持此证可通行沈阳市各军事机关，部队，学校免受岗哨盘查，及会客手续。

（二）持此证可带其爱人参加沈市各军事机关举办各种娱乐活动，并当作前排票。

证件内印有使用说明：

一、此证专供东北区高级首长使用；

二、此证要妥为保存不得转借他人；

三、此证如遗失时请速报本部；

四、此证有效期间自 1951 年 4 月 15 日起至 1951 年 12 月 31 日止。

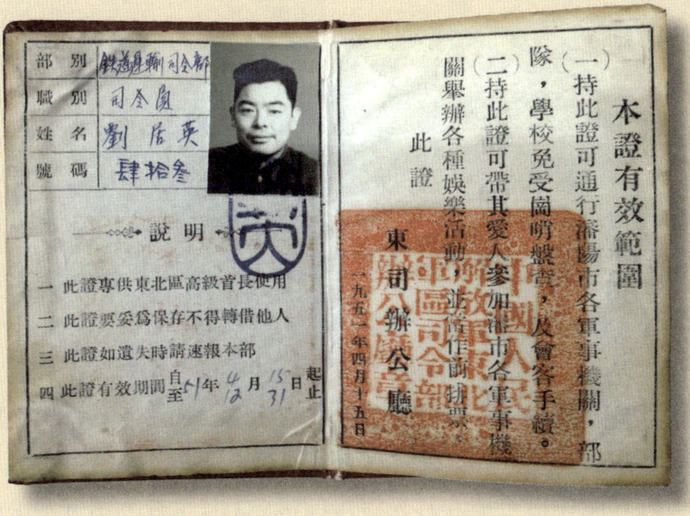
部別 鐵道運輸司令部
職別 司令員
姓名 劉居英
號碼 肆拾叁
說明
一 此證專供東北區高級首長使用
二 此證要妥爲保存不得轉借他人
三 此證如遺失時請速報本部
四 此證有效期間 自51年4月15日起 至51年12月31日止
本證有效範圍
（一）持此證可通行瀋陽市各軍事機關，部隊，學校免受崗哨盤查，及會客手續。
（二）持此證可帶其愛人參加瀋市各軍事機關舉辦各種娛樂活動，
此證
東 司 辦公 廳
一九五一年四月十五日

在朝鲜出版的第117期《人民铁军》报

年代：1951年5月1日

尺寸：8开4版

第117期《人民铁军》报是铁道兵在朝鲜出版的第一份报纸，也是我国第一次将报纸办到了国外。在前线，为节省纸张，纪念牺牲的同志，这期报纸采用8开4版，红色油墨印刷。直到1951年7月18日出版第139期，《人民铁军》报在朝鲜的两个半月中，共出版23期，报社和印刷厂同志轮流用手摇印刷机印刷。

1951年2月，为适应战地需要，报社同志随兵团机关和直属分队乘汽车跨过鸭绿江，进入朝鲜。印刷厂汽车的上面坐人，下面装载铅字和印刷机。为避免敌机空袭，只能夜间行进。车队在夜间行驶不敢开灯，司机只能凭借雪地和月光缓慢前进。3月1日，当汽车走到松林岭时，突然滑出路面，翻落到山坡底下，张健、杨建坡等同志当场牺牲。车上的铅字箱全部摔碎，铅字撒得满地都是；印刷机械摔得七零八落。幸存的同志将牺牲的同志就地制棺装殓掩埋。后来，在他们的努力下，5月1日终于出版了这份红色字迹的报纸。

在这期报纸里，有一篇名为《在前线会见的话》的文章。

文章内容：

今天铅印的第一张报纸也和大家见面了，颜色是鲜红的，她象征着你们洒在朝鲜的血。是的，她是在你们的血肉中成长的。敬爱的同志：这对于我们将永远不会忘记。我们誓尽全力直至生命，把她在艰难困苦的环境里培养起来，滋养壮大，放出光，发出热，成为抗美援朝中的坚强力量。

人民鉄軍

第117期

為集中全力完成工作任務

前指黨委召開擴大會議

作出關於今後工作決議

信來的隊部軍紅勒格寧列

在前綫會見的話

铁道兵团革命军人证明书

年代：1951 年 8 月 30 日

尺寸：长 26 厘米，宽 26 厘米

这张革命军人证明书是由中国人民解放军铁道兵团司令员滕代远和副政治委员崔田民颁发给铁道兵团干部学校新学员舒信树同志的。整体为套彩印刷版面，个人信息部分为手写体。证书正面的最上方为八一军徽，两边各一面八一军旗，隆重庄严。最右边居中为“革命军人证明书”的大号繁体字，下方为小号繁体字“军证字第 05268 号”。证书正文部分，由右至左，写着“舒信树同志系一九五一年七月参加我军现在铁道兵团干部学校工作，其家属得按革命军人家属享受优待。此证。”落款单位处加盖方形的大红色部队公章“中国人民解放军铁道兵团政治部印”，落款时间为“一九五一年八月三十日”。证书下方背景图案为坦克、军舰、飞机和橄榄叶，象征着陆、海、空三军保卫国家和平。按照当时部队证书制式，证书最右边还有部队加盖的骑缝章和证书编号。骑缝章的另外一半，作为证书存根留给当地政府存档，十分规范和严谨。

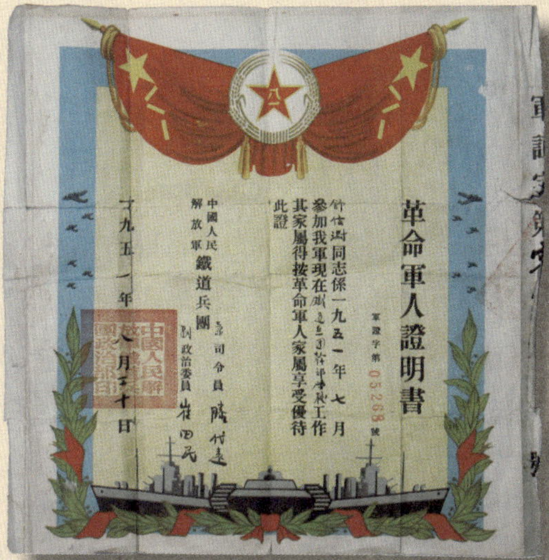

革命軍人證明書
軍證字第 05268 號
同志係一九五一年七月
參加我軍現在　　　　工作
其家屬得按革命軍人家屬享受優待
此證
中國人民解放軍鐵道兵團
司令員
副政治委員
一九五一年八月三十日

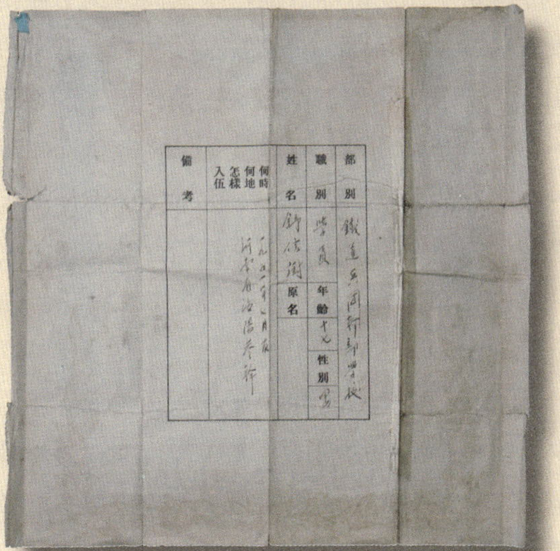

部別
職別
姓名
原名
年齡
十九
性別
男
何時何地怎樣入伍
備考

抗美援朝纪念章

年代：1951 年 10 月

尺寸：通径 3.8 厘米

此枚铜质纪念章主体图案为五角星外围放射着光芒，五角星的五个角镶嵌着红色珐琅，五角星正中为毛泽东主席左侧面头像，外围环绕麦穗，下方环绕绶带，绶带上写着“抗美援朝纪念”六个金色的字。纪念章背面刻有“中国人民政治协商会议全国委员会赠”“1951”字样。抗美援朝纪念章颁发数量达 250 多万枚。

抗美援朝战争时期铁路保障任务大体经历前进抢修、分段保障、抗洪保险、粉碎绞杀战等几个阶段。铁道兵随炸随修，抢修西清川江第 1、第 3 便桥、龙津江便桥等，抢建东大同江第 2 便桥、南沸流江第 2 便桥、安东鸭绿江便桥等，抢修京义线黑桥至新幕段、新幕至开城段和殷（山）龟（城）铁路，保障“三角地区”的畅通等。铁道兵创立了“打不烂、炸不断的钢铁运输线”，使朝鲜通车里程由铁道兵部队入朝时的 107 公里，延长到 1382 公里，实现“满足军运，保证民运”的目标。抗美援朝战争结束后，志愿军铁道部队又留下来帮助朝鲜人民铁路复旧，共修复、改善、新建桥梁 282 座，以及 9 条线路上共 74 项工程和 3 个机务段。

1951 年 10 月，中国人民政治协商会议第一届全国委员会第三次会议召开前夕，时任全国政协副主席郭沫若、陈叔通与时任中共北京市委第一书记彭真，给中共中央主席、全国政协主席毛泽东联名写了一封信，主席接到信后，表示同意。信的内容如下。

主席：

为了纪念我们全国人民抗美援朝，保家卫国的伟大战争，特别是伟大的中国人民志愿军的出国作战，我们提议中国人民政治协商会议全国委员会在中国人民志愿军出国作战的纪念日制发抗美援朝纪念章，送给我国志愿军全体指战员、战斗员、政治工作人员，后勤工作人员和运输工作人员，以资纪念。

郭沫若　陈叔通　彭真

革命军人牺牲证明书

年代：1951 年 12 月 12 日

尺寸：长 13.5 厘米，宽 25 厘米

这是中国人民志愿军铁道兵团第一师于 20 世纪 50 年代给荔波县人民政府的革命军人牺牲证明书。

内容：

兹有黎光甫同志系贵县黎亚田先生之子，于一九五一年七月参加革命工作，在铁道兵团第一师十一团任战士，不幸于一九五一年十二月十二日在抗美援朝工作中光荣牺牲，请按《革命军人牺牲病故褒恤暂行条例》，对其家属给予抚恤并希将革命军人牺牲证明书转其家属为盼，此致。荔波县人民政府。

落款：

中国人民志愿军铁道兵团第一师。

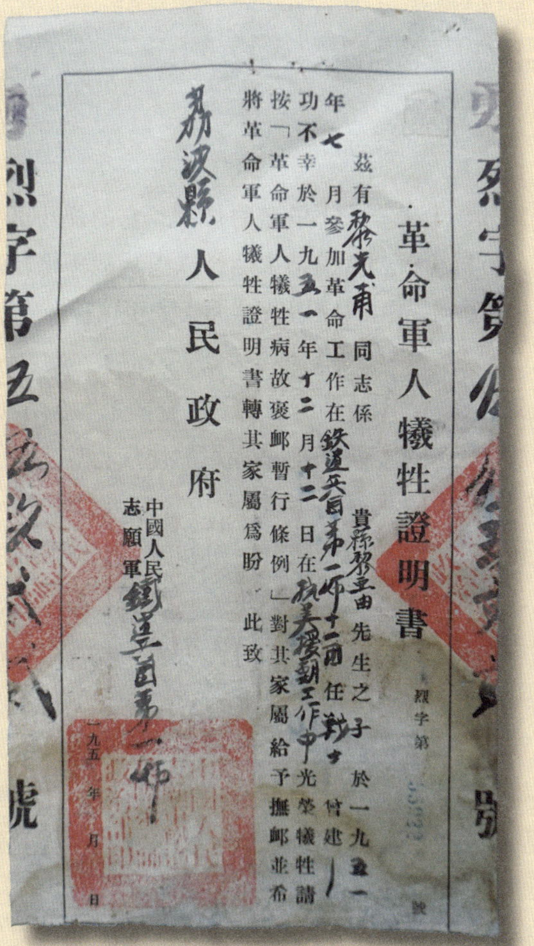

革命軍人犧牲證明書

烈字第　號

茲有黎光甫同志係　貴縣黎彔田先生之子　於一九五一年七月參加革命工作在鉄道兵團第一师十二團任戰士付建功不幸於一九五一年十二月十二日在抗美援朝工作中光榮犧牲請按「革命軍人犧牲病故褒邺暫行條例」對其家屬給予撫邺並希將革命軍人犧牲證明書轉其家屬爲盼　此致

荔波縣人民政府

中國人民志願軍鉄道兵團第一师

一九五　年　月　日

朝鲜战场上的炸弹

年代：1951 年

尺寸：长 160 厘米，直径 50 厘米

这是朝鲜战场上美军投下的定时炸弹，它的弹药早已排空，尾翼是后期修复的。抗美援朝战争结束后，铁道兵战士将其运送回国，作为纪念。此枚炸弹原先由石家庄铁道大学校史馆保存，2014 年捐赠给铁道兵纪念馆。

抗美援朝战争中，以美国为首的“联合国军”企图利用空中优势，切断我军的后方运输线，从而扼杀我军的作战力量。从 1950 年 11 月到 1953 年 7 月的 33 个月中，特别是 1951 年 8 月以后，美军集中了 70% 的空军兵力，实施“绞杀战”，对朝鲜北部铁路线进行大规模、持续性轰炸。“绞杀战”期间，敌机疯狂投掷定时炸弹、重磅炸弹、钢珠子母弹以及细菌弹等，总量达 19 万枚，相当于二战期间德国在英国本土投弹量的 1.5 倍。

在保护铁路运输线的过程中，铁道兵中涌现出了以李云龙为代表的“排弹英雄”。他们冒着生命危险，拆除定时炸弹的引信，排空弹药，保障部队抢修时的安全，粉碎了敌人的“绞杀战”，筑造起了“打不烂、炸不断的钢铁运输线”。

抗美援朝时期慰问品象牙筷子

年代：1951 年

尺寸：长 17 厘米

这是抗美援朝战争时期，1951 年内蒙古慰问团送给铁道兵团第二师宣传科长王玉良的慰问品——象牙筷子。

抗美援朝时期，铁道兵部队承担朝鲜铁路保障任务。祖国慰问团来到前线组织演出和其他联欢活动。同时，也会赠送指战员们一些慰问品，包括象牙筷子、真丝手帕、搪瓷茶杯、水果糖等。

回国后，王玉良只在重大节日才拿出象牙筷子使用，发现它们磨损很快，他就更舍不得用了，后来捐给了铁道兵纪念馆。至今，象牙筷子已经“70 多岁”了。

《朝鲜铁道战线上英勇事迹汇编》

年代：1952 年

尺寸：长 18.5 厘米，宽 13 厘米

《朝鲜铁道战线上英勇事迹汇编之一：运输战线上的英雄们》
《朝鲜铁道战线上英勇事迹汇编之二：历史的车轮在飞转》
《朝鲜铁道战线上英勇事迹汇编之三：扫除障碍继续前进》
《朝鲜铁道战线上英勇事迹汇编之四：诗歌板话集》
《朝鲜铁道战线上英勇事迹汇编之五：英雄的铁道部队》

编者的话：

铁道兵团和援朝铁路职工入朝担负战时铁路抢修、抢运任务以来，面对着新的斗争环境，在材料奇缺的条件下，以极简单的工具，战胜美国空中强盗不分日夜对铁路、桥梁、车站、列车等的疯狂轰炸破坏，和洪水冲击的自然灾害，光荣完成了军事运输任务，保证了前方作战部队军需物资的供应，这并不是轻而易举的事情。无论抢修一座桥梁或一段线路，开往前方一列火车都是既艰巨而艰苦的，都需要克服使人难以想象的无数困难。

抗美援朝的任务在如火如荼的（地）进行着，敌人对我们铁路破坏也越来越严重。为了继承与发扬以往的光荣传统，在爱国主义与国际主义的思想基础上，更广泛的（地）开展革命英雄主义运动，以鼓舞战斗意志，坚定胜利的信心，提高技术水平，给今后更好的（地）完成打下坚固基础，将我们在斗争过程中创造的突出的英雄事迹，收集编印成集子，在部队和职工中经常的（地）进行广泛深入的教育是十分必要的。

運輸戰綫上的英雄們
歷史的車輪在飛轉
掃除障碍繼續前進
詩歌板話集
英雄的鉄道部隊

中国人民赴朝慰问团慰问品方帕

年代：1952 年

尺寸：长 45 厘米，宽 38 厘米

1951 年、1952 年、1953 年，中国人民保卫世界和平反对美国侵略委员会先后组织了三次中国人民慰问团，慰问在朝鲜前线英勇作战的中国人民志愿军。

这两方丝绸手帕是中国人民赴朝慰问团赠给铁道兵战士的。手帕左下角有红色绶带图案，红色绶带上的字是繁体字，左边写着“抗美援朝”，右边写着“保家卫国”，中间是毛泽东主席头像，图案取材于 1951 年颁发的抗美援朝纪念章。绶带图案下方写着“中国人民赴朝慰问团敬赠”一行红字。

写满名字的手帕是慰问团赠给铁道兵战士熊勇麟的，他一直珍藏着舍不得使用，回国后成亲时，他请战友们每人给他写了一个名字作为纪念。这方手帕至今保存近 70 年，已经破损，但它承载着铁道兵战士无比珍贵的人生记忆和深厚的战友情谊。

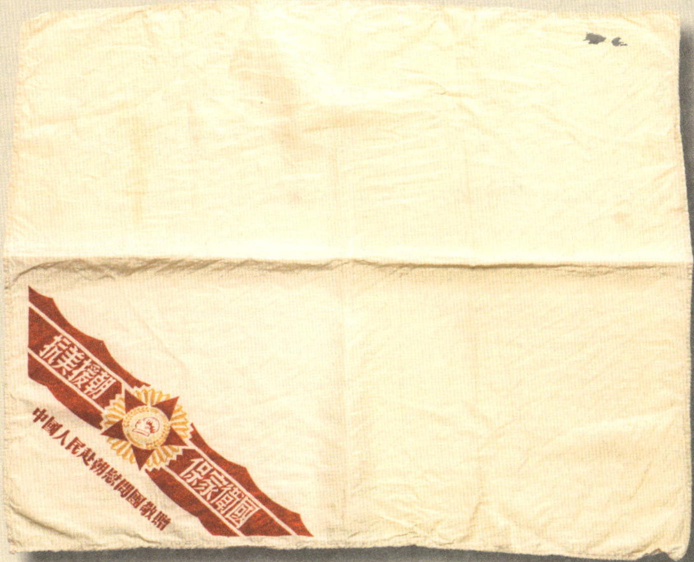
抗美援朝
保家衛國
中國人民赴朝慰問團敬贈

金日成写给刘居英的亲笔信（复制品）

年代：1952 年 1 月 21 日

尺寸：长 22 厘米，宽 16 厘米

这是 1952 年 1 月 21 日，金日成写给中朝联合铁道运输司令部司令员刘居英的亲笔信。

亲笔信内容：

刘居英同志：为迅速修建大同江桥梁工事，极需钢梁三个，兹派国家建设委员会委员长金承化同志，到您处商谈，请您从贵局存货中设法解决为盼。此致敬礼。金日成，一月二十一日。

刘居英认为此事涉及外交，便打电话向周恩来总理请示，周总理说："这点事，你个大司令还不能决定？"刘居英心中有底，调拨钢材、水泥各 20 吨给朝方，金日成很感谢。

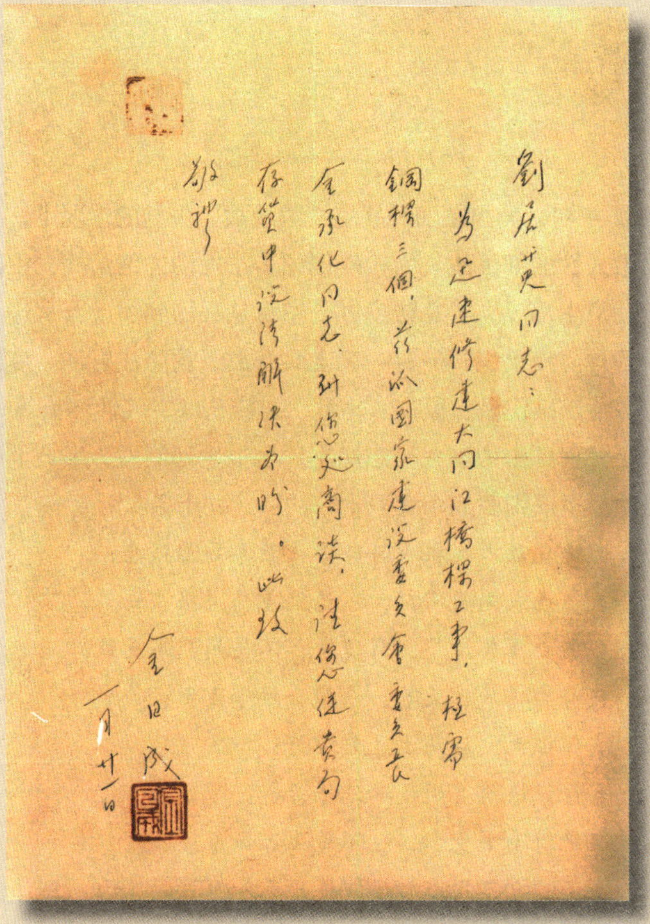
劉居英同志：

为速修建大同江桥梁工事，拟需钢梁三個，兹派国家建设委员会委员长金承化同志，到您处商谈，请您从贵局存货中设法解决为盼。此致

敬禮

金日成

一月廿一日

中国人民志愿军预防注射证

年代：1953 年

尺寸：长 13 厘米，宽 9 厘米

1952 年初，美国在朝鲜战场“绞杀战”失利的情况下，又秘密实施了灭绝人性的细菌战。为粉碎侵朝美军发动的细菌战，中国人民志愿军后勤卫生部成立了总防疫办公室，从兵团到团、营、连自上而下设立了各种防疫组织，向每一名士兵发放了预防注射证。疫苗种类齐全，有牛痘、破伤风、鼠疫、霍乱、斑疹伤寒、气性坏疽等。

预防注射证由中国人民志愿军后勤卫生部制发，扉页上印着“中国人民志愿军反细菌战个人卫生守约”，共十条：

一、我发现敌人飞机或特务撒虫放毒马上报告；

二、我自己或同志有病，不论轻重马上报告；

三、我的口罩要清洁，常烫洗，不借用，不反戴；

四、我努力捕鼠、灭蚤、杀蝇、蚊等毒虫；

五、我保证大便后马上盖好埋好；

六、我保证饭前烫碗筷和洗手；

七、我绝对不喝生水，也不吃生凉饭菜；

八、我不吃也不用手碰飞机撒下的和可疑的东西；

九、我穿袜子束紧裤脚，不让跳蚤进去和虫咬；

十、我定期洗澡、灭虫，撒用杀虫药粉。

守约每一条都通俗好记且实用，可以看出中国人民志愿军防疫工作组织周密，措施得力。

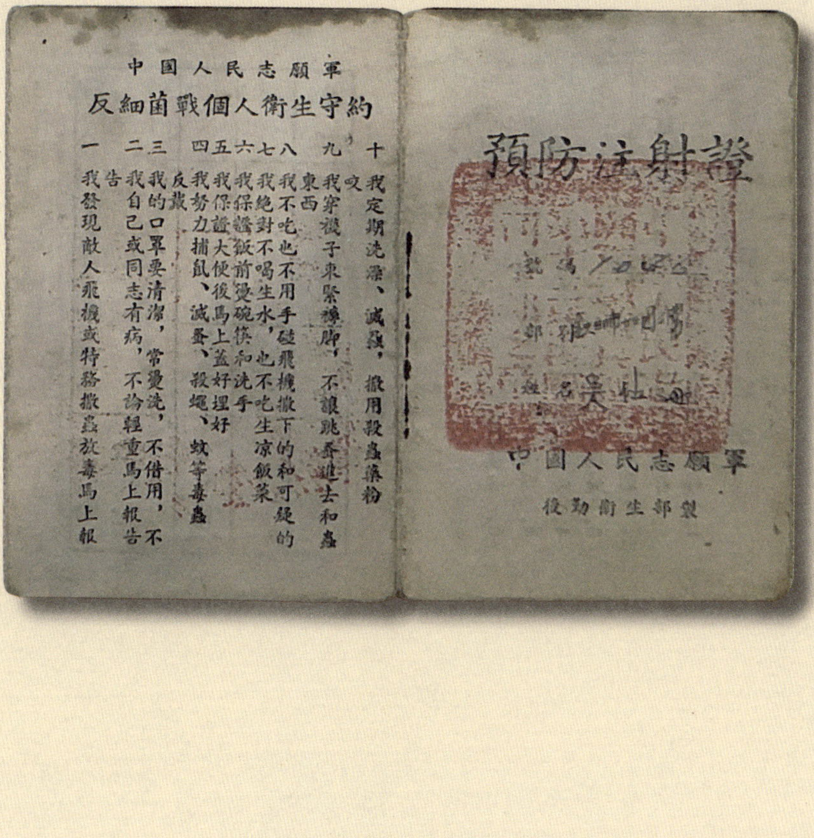
中国人民志願軍
反細菌戰個人衛生守約
一 我發現敵人飛機或特務撒蟲放毒馬上報告
二 我自己或同志有病，不論輕重馬上報告
三 我的口罩要清潔，常覺洗，不借用，不反戴
四 我努力捕鼠、滅蚤、殺蠅、蚊等毒蟲
五 我保證大便後馬上蓋好埋好
六 我保證飯前燙碗筷和洗手
七 我絕對不喝生水，也不吃生凉飯菜
八 我不吃也不用手碰飛機撒下的和可疑的東西
九 我穿襪子束緊褲腳，不讓跳蚤進去和蟲咬
十 我定期洗澡、滅蝨，撒用殺蟲藥粉
預防注射證
中国人民志願軍
後勤衛生部製

中国人民赴朝慰问团慰问品搪瓷杯

年代：1953 年

尺寸：高 12 厘米，直径 10 厘米

这是中国人民赴朝慰问团赠给铁道兵战士的慰问品——搪瓷杯。

搪瓷杯正面印有天安门及华表图案，上方为“抗美援朝　保家卫国”八个红色大字。背面为“赠给最可爱的人”“中国人民赴朝慰问团”的红色字样。杯沿下有一圈蓝底白色和平鸽图案。

《谁是最可爱的人》是作家魏巍从朝鲜战场归来后所著的报告文学，最早于 1951 年 4 月 11 日在《人民日报》刊登。这篇文章当时具有很大影响力，毛泽东主席也作出批示：印发全军。“最可爱的人”也成为中国人民志愿军和中国人民解放军的代名词。

抗美援朝
保家衛國

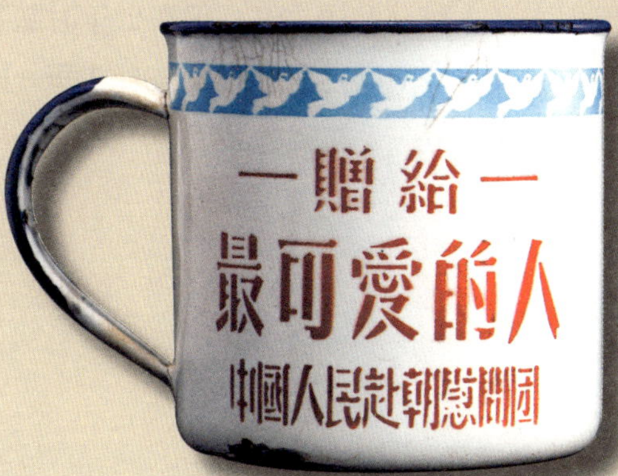
—贈給—
最可愛的人
中國人民赴朝慰問團

金日成写给中国人民志愿军的感谢信（复制品）

年代：1953 年

尺寸：长 22 厘米，宽 14 厘米

这是金日成写给中国人民志愿军的感谢信（复制品）。

感谢信内容：

中国志愿军弟兄们，你们流下的鲜血和贡献，朝鲜人民永远不会忘记。金日成。

金日成是朝鲜民主主义人民共和国主席。他在少年时随父亲流亡中国，曾在吉林毓文中学读书，后又在东北参加抗日斗争。因此，金日成可以说流利的汉语，并能写一手漂亮的汉字。

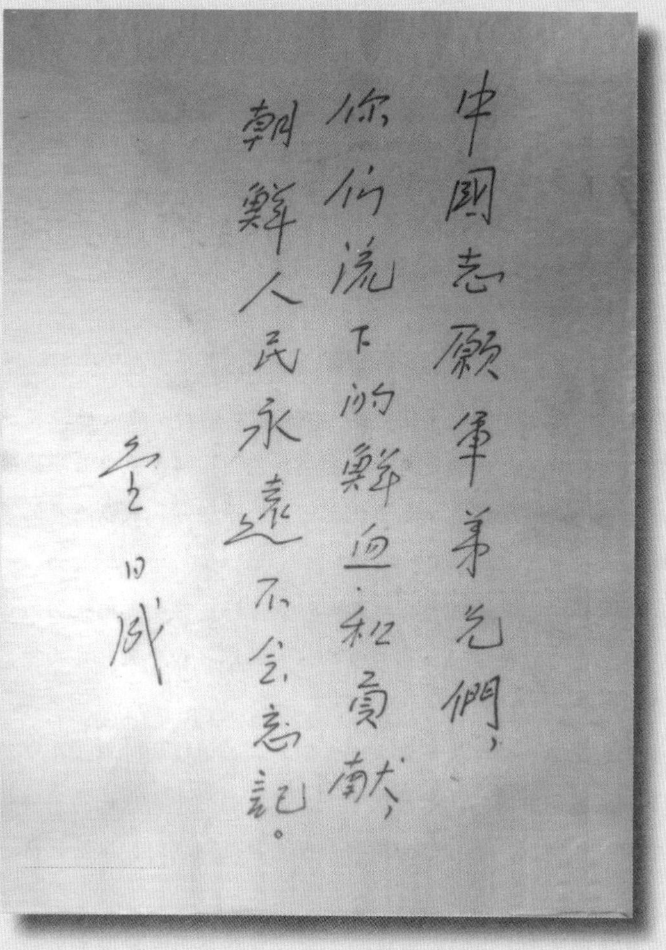
中國志願軍弟兄們，
你們流下的鮮血、和貢獻，
朝鮮人民永遠不會忘記。
金日成

朝鲜人民写给中国人民志愿军的感谢信

年代：1953 年 10 月 24 日

尺寸：长 70 厘米，宽 36 厘米

这是 1953 年朝鲜咸镜南道高原群南兴里女盟员全体给中国人民志愿军的感谢信。原文翻译如下。

致亲爱的中国人民志愿军同志们：

亲爱的中国人民志愿军同志们！今天，我们村全体女性，在迎接中国人民志愿军为反对美英武装侵略者、支援我们祖国解放战争而参战的三周年之际，对于中国人民在抗美援朝旗帜之下，给予朝鲜人民以高贵的用鲜血进行的援助再次表示衷心的感谢和敬意！

众所周知，美帝侵略者在挑起朝鲜战争时，曾企图把我们的祖国变为殖民地，想把我们的祖国疆土作为侵略伟大的苏联和中国的桥头堡，把战火扩大到朝鲜境外。

由于美帝侵略者挑起的战争，我们处在最困境的时期，在中国人民的领袖毛泽东主席和中国共产党的领导下，兄弟般的中国人民高举“抗美援朝，保家卫国”的旗帜，把自己亲爱的子女直接送到朝鲜，不惜代价地给予鲜血的援助。

亲爱的同志们！你们参加战斗之后，发挥高尚的爱国主义和国际主义精神，顽强坚持、勇敢战斗，你们建立的光辉业绩将同朝鲜人民军将士建立的不朽功勋在一起，在我们史册上永放光芒。

不仅如此，在我们的后方，你们表现出了高尚的风格。特别是，在农业

生产上给予了人力的保障，对于遭灾的农户拿出自己节约下来的粮食进行援助。真是和我们一起战斗、一起生活。

今天，这种朝中两国人民之间的国际主义亲密团结，在粉碎共同敌人的战斗之中更加巩固了，任何阴谋诡计也分裂不了。

我们坚信，为了彻底粉碎帝国主义分子的阴谋、统一祖国领土完整，朝中两国人民巩固的亲密团结是和平的强大保障。我们要更加钢铁般地团结在朝鲜劳动党、共和国政府和我们敬爱的领袖金日成元帅的周围，高举“一切为了强化民主基地，恢复和发展战后人民经济”的教导，向同志们发誓：在晚期作物、公粮、秋耕、农田恢复等事业中进行总动员，提前完成任务。

敬祝同志们顽强奋斗！

1953 年 10 月 24 日

咸镜南道高原群南兴里女盟员全体

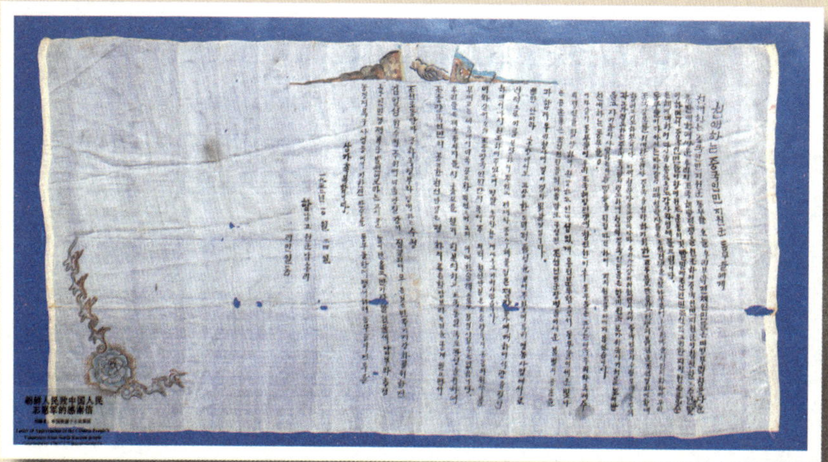

抗美援朝二级自由独立勋章

年代：1953 年 10 月 25 日

尺寸：通径 5.6 厘米

这是朝鲜民主主义人民共和国颁发给铁道兵的抗美援朝二级自由独立勋章。

勋章正面以一颗红五星为圆弧面的主体，整个勋章面向外突起，中间由双线同心圆构成一个球面体，直径 2.8 厘米，图案中央是一位右手握着短枪，左手招呼他身后的战士向前冲锋的军官。侧面一辆坦克开路，他身后的士兵双手端着长枪，跟着军官一同向前冲锋，头顶上有两架飞机作掩护，构成了一个宏大的战斗场景。红五星五个外角，是光芒四射的光芒线。勋章正面的文字是“为了祖国”，背面的文字是“自由独立勋章”“第二级”。

조국을위하여

자유·독립훈장

抗美援朝三级国旗勋章

年代：1953 年 10 月 25 日

尺寸：通径 5 厘米

国旗勋章，由朝鲜民主主义人民共和国最高人民会议颁发。

勋章形状为一颗五角星和五边形相叠，向外放射光芒，中间蓝边红环的十角圆形中为一颗五角星。一级国旗勋章为银质镀金，呈金色，通径 72 毫米；二级和三级国旗勋章均为纯银质，通径分别为 58 毫米和 50 毫米。勋章背面有铭文，内容为“朝鲜国旗勋章”“第三级”。

在抗美援朝战争中，朝鲜政府给中国人民志愿军立功指战员进行了五次颁奖授勋活动，三年间共授予中国人民志愿军各种勋（奖）章 52 万枚之多。

조선
국기훈장
제삼급

抗美援朝和平万岁纪念章

年代：1953 年 10 月 25 日

尺寸：通径 3.9 厘米

1953 年 10 月 4 日，中国人民第三届赴朝慰问团在北京组建成立。他们代表中国政府和人民，把抗美援朝和平万岁纪念章颁发给当时在朝的上百万志愿军官兵。

出国前，慰问团以西班牙著名画家毕加索于 1952 年为世界和平大会绘制的宣传画“和平鸽”为图案，制作了和平万岁纪念章。纪念章为铜质，外形为五个大角和五个小角合成的五边形，正面为红釉质地，上面有“和平万岁”四个金色的繁体字，中间是一只展翅飞翔的金色和平鸽。纪念章背面有三行铭文，第一行是“抗美援朝纪念”，第二行是“中国人民赴朝慰问团赠”，第三行是“1953.10.25”。

该纪念章有大小两个版本，通径分别为 46 毫米和 39 毫米。

和平萬歲

毛泽东主席为《铁道兵》报题写的报头

年代：1953 年 12 月 25 日

该报头是毛泽东主席于 1953 年 12 月 25 日为《铁道兵》报题写的报头。

1953 年 12 月 25 日，在铁道兵领导机关成立前夕，毛泽东主席专门接见了即将出任铁道兵司令员的王震，并亲笔为《铁道兵》报题写报头。《铁道兵》报社的同志收到毛主席题写的报头后，马上设计制版，于 1954 年 1 月 1 日第 204 期刊出。毛主席亲笔题写的“铁道兵”报头，极大地鼓舞了铁道兵的革命干劲和劳动热情。这是铁道兵建军史上光荣的一页。

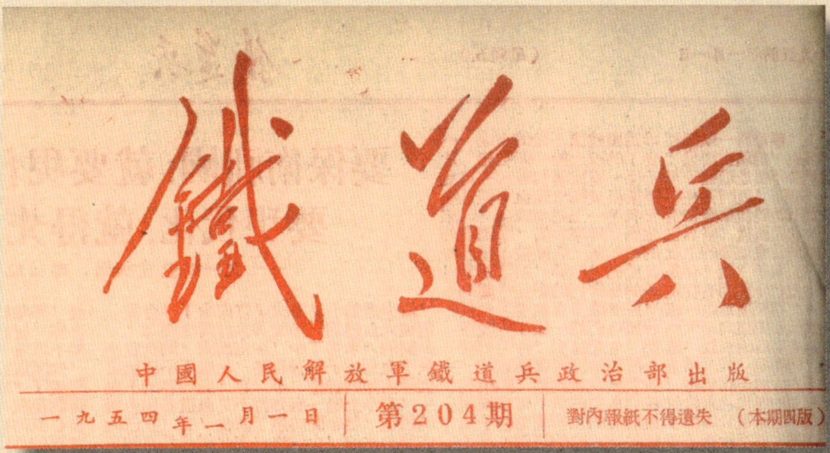

鐵道兵

中國人民解放軍鐵道兵政治部出版

一九五四年一月一日 | 第204期 | 對內報紙不得遺失 （本期四版）

张翼翔的行李箱

年代：1954 年 2 月

尺寸：长 60 厘米，宽 33 厘米，高 20 厘米

张翼翔司令员的这个帆布行李箱，是抗美援朝战争期间祖国慰问团赠送给他的。此后，这个行李箱一直跟随着张翼翔转战南北。2012 年 9 月，张翼翔的女儿张军将其捐献给铁道兵纪念馆。

行李箱是暗红色的，帆布质地，正面写着“保卫祖国　保卫和平”“全国人民慰问人民解放军代表团第四总分团敬赠”“ 一九五四年二月” 黄色字样，侧面有皮质的绑扣、提手和防盗锁。

抗美援朝战争中，张翼翔任第二十军军长兼政治委员。第二次战役东线战场的长津湖之战，是第二十军出国作战的第一仗。他指挥全军在气候严寒、行动困难、粮弹奇缺、御寒物资极端匮乏的艰难条件下，为了战役全局的胜利，以惊人的毅力，忍受和克服各种难以想象的困难，取得毙敌 6000 余人，俘敌 600 余人，缴获各种火炮 130 余门、各种枪支 1000 余支、坦克和汽车 159 辆，击毁飞机 8 架等重大战果，协同兵团兄弟部队给有百余年历史的美军王牌部队陆战第一师以歼灭性打击，胜利完成第二次战役东线战略任务。部队涌现出志愿军第一个特级英雄杨根思；首创对美军施以军事打击和政治瓦解相结合强大攻势的范例，迫使敌军 240 余人缴械投降。

毛泽东主席对第二十军参加长津湖之战给予高度评价和亲切关怀，充分肯定他们在极端恶劣条件下的巨大牺牲，达成了战略目的。但是，后勤保障没跟上造成部队重大伤亡的惨痛教训，张翼翔一直难

以释怀，在内心深深烙下永远的痛。

随着国家的富强，市面上各种各样的高档行李箱层出不穷，可是张翼翔却一直把这个简朴的帆布行李箱保存在身边。因为每当看到这个行李箱，老将军就感慨良多，就会想到抗美援朝，想到后勤保障的重要。他曾坦言，经过长津湖之战，跟美军面对面交手，我们才真正领教和懂得了什么叫现代战争，打现代战争就是打钢铁、打后勤啊！后勤运输一定要跟上啊！他比任何人都渴望自己的军队赶紧强大起来，早日迈开现代化建设的步伐！

1968 年 6 月，张翼翔同志被任命为铁道兵司令员。长津湖之战后勤运输跟不上的惨痛教训，使老将军深知铁道兵部队在现代战争后勤运输保障中的极端重要地位和作用。他领导指挥铁道兵部队排除干扰，克服困难，执行嫩林、成昆、京原、襄渝铁路干线和呼中、渡口铁路支线，及北京地铁（一期工程）修建任务，发挥“铁路建设突击队”的作用，为推动国民经济发展和建设现代战争后勤运输保障奠定了基础。

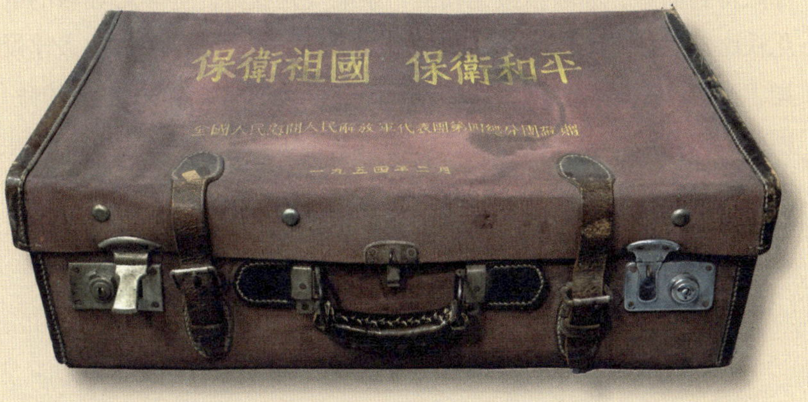

中国人民志愿军往返中朝两国的通行证

年代：1954 年 6 月 28 日

尺寸：长 26 厘米，宽 25 厘米

这是一张中朝两国通行证，正面写有“单程”“中国人民志愿军长城部通行证第 5600 号”“兹有本部车风书同志贰人因公由驻地经新义州至北京随带行李贰件”“希沿途军警验证放行　此证”“上给车风书收执”“一九五四年陆月贰拾捌日”“限柒月叁日作废”，盖有“中国人民志愿军长城部之章”；背面有朝鲜人民军中国人民志愿军后方口岸新义州办事处、中华人民共和国安东边防检查站两枚印章。

1953 年 7 月 27 日，《朝鲜停战协议》签订后，中国人民志愿军开始陆续撤退回国。经中国人民志愿军司令部和总参谋部批准，10 月 16 日，铁道兵团机关由朝鲜驻地启程回国。

当时，所有部队都是集体行动，这类通行证都由集体保管。出发前，部队得到消息，苏联拟援建朝鲜一条电气化铁路。为学习苏联的电气化铁路建设技术，部队派第十一师的车风书和另外一名战友去建设现场学习。二人还没出发，又接到该铁路建设计划取消，不用前去的命令。因此，二人带着这张特殊的单程通行证，以备通过新义州边检回国。

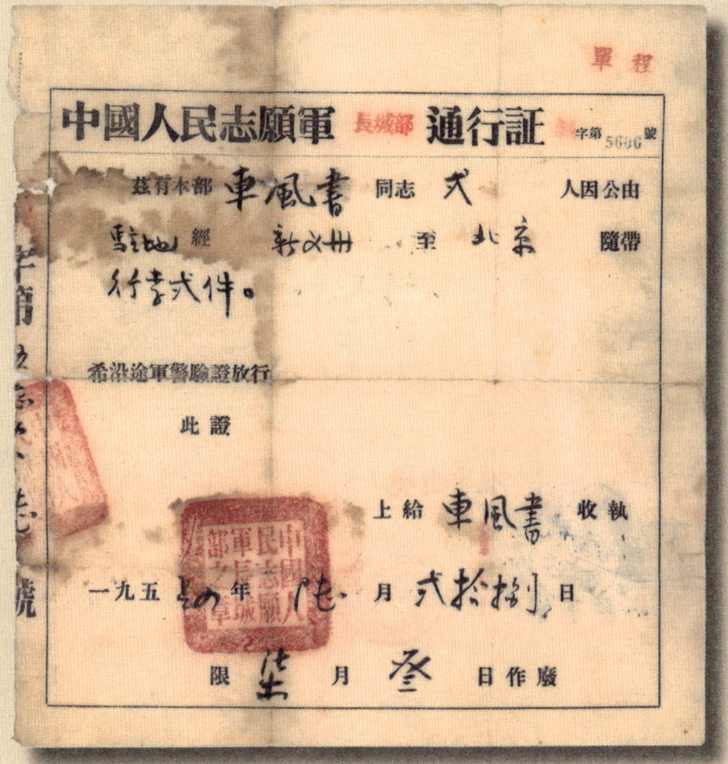

單程

中國人民志願軍長城部通行証 字第5606號

茲有本部東風書同志式人因公由駐地經新义州至北京隨帶行李式件。

希沿途軍警驗證放行

此證

上給東風書收執

一九五四年陸月式拾捌日

限柒月叁日作廢

书籍《抗美援朝战争中的铁路抢修技术经验总结》

年代：1955 年 3 月

尺寸：长 26.5 厘米，宽 19.5 厘米

1955 年 3 月，铁道兵编写出版了《抗美援朝战争中的铁路抢修技术经验总结》一书。这是一部记载了中国人民志愿军铁道兵团在朝鲜战争铁路抢修中的智慧和胆略的著作。

编者按：

这些经验是以志愿军铁道兵团当时的技术水平与装备情况为基础来总结的。在十分严重而残酷的轰炸情况下，机械的使用是极少的，大多数场合还是发挥了高强度的体力劳动与手工工作的方法。因为在战争中，常常可以遇到许多在学校里、在和平环境里意想不到的情况，而这些情况就完全可能打破正规的施工方法与施工程序，完全可能迫使人们只能利用手边找得到的一切现成的简单的工具去进行工作。这些用铁道兵团战士们的鲜血和生命创建的方法和经验赢得了朝鲜战场上铁路运输的畅通。

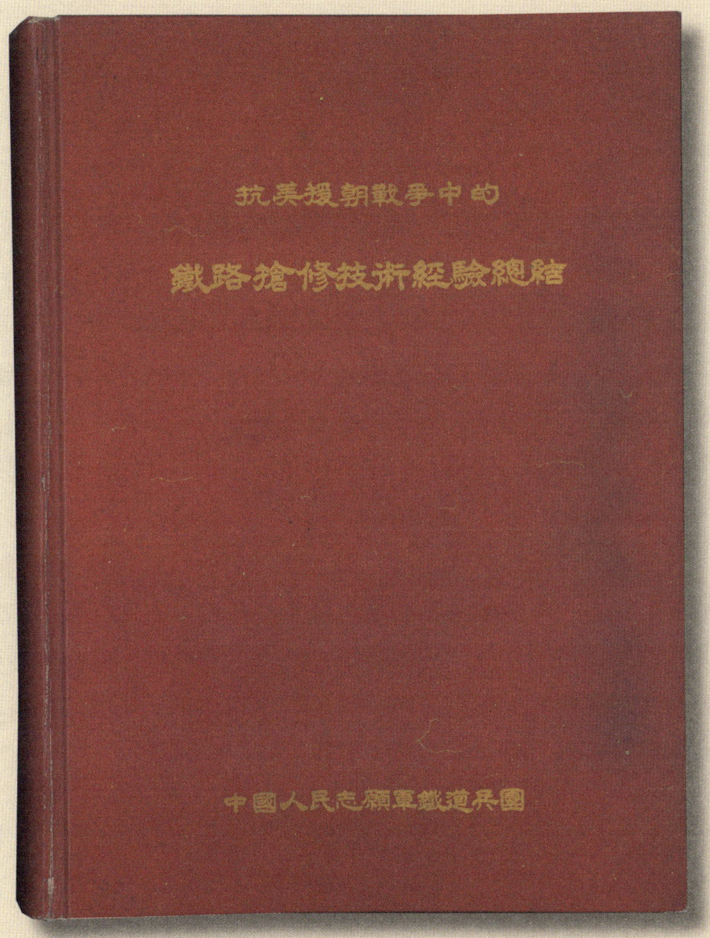
抗美援朝戰爭中的
鐵路搶修技術經驗總結
中國人民志願軍鐵道兵團

铁道兵兵徽

年代：1955 年

尺寸：长 36 厘米，宽 35 厘米

国有国徽，军有军徽，各兵种也有兵种符号，俗称“兵徽”。兵徽通常佩戴在领章、肩章、臂章上，是用以表明军人所属兵种的识别标志。

铁道兵兵徽的图案由红五星、飞机双翼、铁锚、钳子、铁锤组成，外观为金黄色，中央嵌红五星。红五星象征人民解放军，飞机双翼是空军兵徽重要标识，铁锚是海军兵徽重要标识，钳子、铁锤是铁道兵常用的劳动工具。

铁道兵兵徽造型包含了陆、海、空三军的兵种符号，因为铁道兵同陆军、空军、海军的关系密不可分。战争中，各军兵种少不了铁道兵保障铁路，协同作战。敌机轰炸，铁道兵离不开空军战机及炮兵的配合。在江河湖海上架设舟桥，需要有海军协助。所以，铁道兵的兵徽设计包含了陆、海、空三军的兵种符号。

铁道兵红领章

年代：1955 年

尺寸：长 7.5 厘米，宽 2.5 厘米

五五式陆军领章的材料为纯棉或府绸，颜色为正红色，上有铜质的铁道兵兵徽。

1955 年 10 月 1 日至 1958 年 1 月 18 日，各级军官使用的领章上钉缀各自的军兵种专业勤务符号，以配合军衔肩章使用。领章体现兵种，肩章体现军衔。士兵、士官没有肩章，兵种符号和军衔都由领章体现。

1958 年至 1965 年，各级军官在平时使用新增发的制式军衔领章。以前军官的军兵种专业勤务领章和军衔肩章改为节假日或重大仪式等场合穿着。士兵使用领章不变。

郭维城少将礼服

年代：1955 年

这是铁道兵副司令员郭维城于 1955 年被授予少将军衔时穿过的五五式军礼服。

五五式军服首次突破了中国人民解放军单一制式军服的历史，将军服分为礼服和常服两大类。将帅礼服造型威武庄重又颇为美观，为军官礼服搭配白衬衣，系藏青色领带。礼服以海蓝色为主，用料为纯毛华达呢，领边、袖头、裤中缝按不同衔级有不同饰物。五五式军礼服极大地提升了共和国将帅们的仪容，也充分显示了国威和军威。

郭维城，生于 1912 年 8 月 21 日，奉天义州（今辽宁义县）人，满族。1933 年，加入中国共产党。1955 年，被授予少将军衔。1995 年 1 月 1 日，郭维城因病在北京逝世，终年 83 岁。

郭维城为创立和建设人民铁道兵，发展我国铁路事业作出了突出贡献。解放战争时期，他曾任齐齐哈尔护路军司令员兼齐齐哈尔铁路局局长，中南军区铁道运输司令部司令员。1949 年，指挥抢修粤汉铁路，立大功。1952 年，郭维城入朝，任中朝联合新建铁路指挥局局长、中国人民志愿军铁道兵指挥所司令员。曾获二级独立自由勋章、一级解放勋章。回国后郭维城相继担任铁道部副部长、部长等职。

崔田民中将礼服

年代：1955 年

这是铁道兵政治部主任崔田民于 1955 年被授予中将军衔时穿过的礼服。礼服式样与五五式少将礼服相同，肩章有所不同。代表中将的肩章式样为满底金，上缀两颗将级星徽；少将肩章上为一颗将级星徽。

崔田民（1912—1991 年），陕西省绥德县人。1949 年 9 月，任中国人民解放军铁道兵团副政治委员，参与 2000 多公里的铁路抢修抢建任务，有力地支援了前线作战。1954 年，从朝鲜战场回国后，任中国人民解放军铁道兵副政治委员兼政治部主任，和王震司令员亲赴南宁，现场指挥，用 10 个月时间修成全长 316 公里的黎湛铁路。随后，又率部队抢修全长近 700 公里的鹰厦铁路，提前一年完成通车任务。

1955 年 9 月，崔田民被授予中将军衔。曾荣获一级八一勋章、一级独立自由勋章、一级解放勋章。1988 年，被中央军委授予中国人民解放军一级红星功勋荣誉章。

五五式八一帽徽

年代：1955 年

尺寸：通径 3.5 厘米

这是五五式陆军八一帽徽。

五五式元帅、将、校、尉军官和士兵的帽徽均为正圆形，只有兵种有区别，主要分为陆军、海军、空军、防空军、志愿军、武装警察部队等。陆军帽徽正面以蓝色为底，红色五角星图案中间有“八一”字样，外围有齿轮和麦穗，红色五角星的五个角在麦穗内侧。五五式八一帽徽经镀白银和黄金制成，将军以上为多次镀金。大帽徽直径 3.5 厘米；中帽徽直径 3 厘米；船型徽直径 2 厘米，厚度为 3.4 厘米；小帽徽用在船型帽上。

背面有颁发年份“1955—1958 年”。

福建青年志愿筑路队纪念章

年代：1956 年

尺寸：通径 3 厘米

这枚纪念章是共青团福建省委为了纪念鹰（潭）厦（门）铁路这一伟大工程的完成，为当时参加铁路修建的 10 万志愿者发放的。纪念章正中为一列行驶中的列车，车头下方挂有“鹰厦”标识牌；上方以一面迎风飘扬的红旗作为背景；下方写有“福建青年志愿筑路队”。

在鹰厦铁路开建后，福建省 10 多万民工承担了全线 70% 以上的路基土石方运输任务；还有多批青年志愿筑路队先后开赴工地。1955 年，共青团福建省委在《福建青年报》上刊登了“号召青年知识分子参加鹰厦铁路的志愿行动”的消息，随后首批共 600 多名热血青年前往南平组建了第一批青年志愿筑路队。

鹰（潭）厦（门）铁路是铁道兵修建的第二条铁路干线，是第一个社会主义建设五年计划里完成的重要工程之一。鹰厦铁路修建前，福建省没有出省铁路，福建省人民盼铁路有半个多世纪之久。鹰厦铁路于 1954 年 8 月动工，1955 年 2 月 21 日正式开工，1956 年 12 月 9 日全线铺通。

福建青年志愿筑路队

修建鹰厦铁路时，福建人民慰问团赠予铁道兵的锦旗

年代：1956 年

尺寸：长 125 厘米，宽 77 厘米

这幅锦旗是鹰厦铁路修建期间，福建人民慰问团赠予铁道兵第二师的。旗面是红色的丝绸质地，左右两边是金黄色丝绸包边，下面是长 15 厘米的黄色流苏，上面每一个繁体字都是单独粘上去的，从右至左写着“中国人民解放军八五〇二部队全体官兵‘积极修建鹰厦铁路，支援解放台湾。’福建省人民慰问团赠”，有个别文字因为时间久远已经脱落。

鹰厦铁路北起江西鹰潭南至福建厦门，全长 698 公里，1955 年 2 月21 日正式开工，1956 年 12 月 11 日全线贯通，由铁道兵修建。鹰厦铁路不仅穿越崇山峻岭、河川峡谷，还移山填海，把昔日“精卫填海”的神话变成现实。施工中，一次性投放炸药 234 吨，炸掉了戴云山三座山头，攻克了“移山”关；把 100 万立方米的石块抛入大海，从集美到厦门岛修建了一条长 5 千米、宽 19 米的跨海长堤，攻克“填海”难关。鹰厦铁路的修建，终结了福建没有出省铁路的历史，不仅对开发福建资源起到了巨大作用，而且对打破敌人对我国的海上封锁，巩固东南海防、发展东南沿海经济、解放台湾创造了条件。

1960 年，鹰厦铁路通车后，朱德总司令挥毫写下“移山填海”四个大字，以表彰筑路军民的丰功伟绩，这也是对筑路部队豪迈壮举的无上褒奖。至今，这座纪念碑仍坐落在厦门市湖里区海堤路海堤纪念公园内。

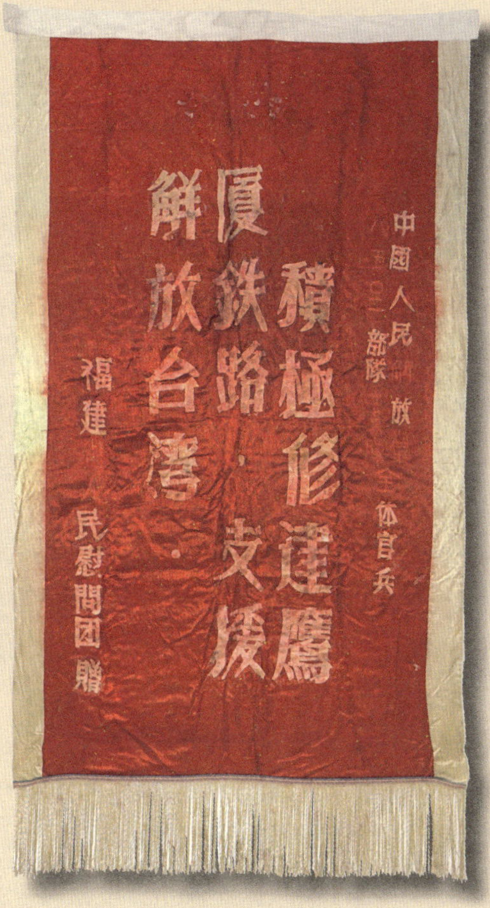
积极修建鹰厦铁路·支援解放台湾·
福建民慰问团赠

铁道兵幼儿园师生合影

年代：1956 年 4 月

尺寸：长 25 厘米，宽 20 厘米

1950 年 11 月 6 日起，铁道兵团陆续入朝执行铁路保障任务。为解决入朝机关干部和部分基层首长的后顾之忧，9 月 29 日，铁道兵团下达命令，在北京成立保育院，任命铁道兵团政治部协理员于文为副院长。

铁道兵团领导对培养教育下一代非常关心和重视，因此选择了一处雕梁画栋、宽敞明亮，有假山、长廊、喷水池、藤萝架的四合院，即北京西城区孟端胡同 23 号为办院地点。

保育院当时随部队实行供给制，按团级单位编制，有院长、协理员，下设院部、保教股、管理股、医务所、洗衣室、理发室、花房、隔离室、缝纫室等。办公室有秘书、文书，医务所设有司药、化验员、护士等。鼎盛时期，有 100 余名工作人员。

1954 年，铁道兵保育院更名为铁道兵幼儿园；1982 年，幼儿园迁至新址——复兴路 40 号机关大院西院；1984 年，更名为铁指幼儿园；1989 年，更名为中铁建幼儿园；2002 年，幼儿园停办并撤销。停办撤销时，幼儿园已被评为北京市一级幼儿园，并在全市 3000 多所幼儿园中被评为百所名园之一。

56. 4

宝成铁路通车纪念章

年代：1956 年 7 月

尺寸：通径 3.5 厘米

宝成铁路通车纪念章为铜质，齿轮外形。上方刻有路徽；中间刻绘一列从隧道中隆隆驶出的列车，生动地表现了宝成铁路让蜀道变通途的画面；外圈由麦穗和红绸带环绕；纪念章下部有“宝成铁路通车纪念”字样。背面镌刻着制作时间：1956 年 7 月。

宝成铁路是中国第一条电气化铁路，也是新中国第一条工程艰巨的铁路。它北起陕西省宝鸡市，向南穿越秦岭到达四川省成都市。1952 年 7 月 1 日，宝成铁路成都端开始动工。1954 年 1 月，宝鸡端也开始施工。1956 年 7 月 12 日，实现全线通车。作为连接中国西北地区和西南地区的交通动脉，宝成铁路的建成，改变了“蜀道难”的局面，促进了西南地区经济的发展。

宝成铁路通車紀念

青藏铁路工程图纸

年代：1957 年 12 月

尺寸：长 29.7 厘米，宽 21 厘米

这是青藏铁路工程施工图纸。封面写着：“中华人民共和国铁道部设计总局第一设计院”“新建铁路青藏线踏勘报告书”“噶尔穆至拉萨段”“500 公里至 1720 公里”“平面示意图”“全一册”“比例尺：1∶100,000”“兰州　1957 年 12 月”。

青藏铁路是世界上海拔最高的高原铁路。铁道兵建设的第一期工程西宁至格尔木段全长 834 公里，大部分地段在海拔 3000 米以上。铁道兵部署第七师、第十师，并抽调独立汽车团、独立机械团部分连队等配属施工，统一由铁道兵西南指挥部组织指挥。青藏铁路一期工程早在 1958 年就开始修建，1979 年全线铺通。到 1983 年底，铁路各段经过临管运营，证明全部工程合格，随后青藏铁路一期工程陆续交付使用。

附2

中華人民共和國
鉄道部設計總局第一設計院
新造鉄路
青藏線踏勘報告書
噶尔穆至拉薩段
500公里至1720公里

平面示意圖

全一册

（比例尺：1:100,000）

蘭州　1957年12月

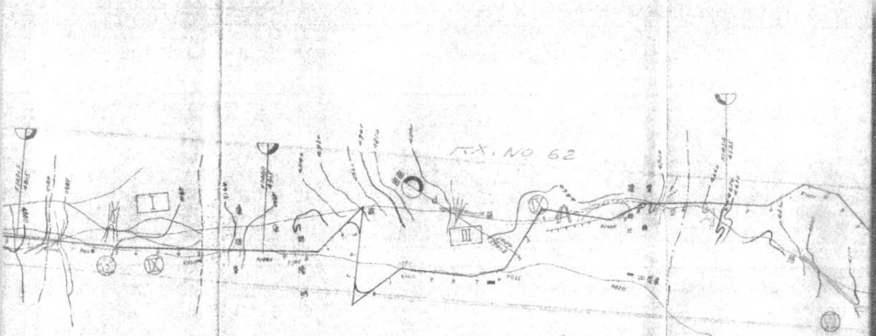

“战斗在青藏线上”搪瓷杯

年代：1975 年

尺寸：直径 9.8 厘米，高 8.8 厘米

这是 1975 年，铁道兵第十师第四十七团发给参与青藏铁路一期工程建设的铁道兵战士李学智的奖品，以表彰他在施工过程中的出色表现。搪瓷杯的生产厂家为西安人民搪瓷厂，品牌为山羊牌，上面有“战斗在青藏线上”“奖”“八九三四七部队”三行红字。

青藏铁路一期工程中环境最艰苦、任务最艰巨的是，在风火山冻土地段进行施工试验。1974 年开始，铁道兵（第十师第五十团第十三连）开上海拔 4750 米的风火山试验场。风火山空气稀薄，且“六月雪，七月冰，一年四季分不清”。试验部队不顾头晕脑胀、指甲下陷、心脏扩大和移位等严重反应，三上高原，坚持试验，换来 1200 多万个极其宝贵的数据，解决了高原铁路施工的世界级难题。该连被铁道兵授予“风火山尖兵连”荣誉称号。

青藏铁路一期工程的关键，就是打通柴达木盆地和天峻草原之间的关角山。关角隧道是世界第一高隧，海拔 3680 米，全长 4009 米。这里石质破碎，地下水喷涌，最多可达万吨；隧道内严重缺氧（程度与海拔 5000 米的高山相当），施工中几乎每天都有人在洞内晕倒。铁道兵部队先后处理大小塌方 130 多次，用了 1000 多个日夜，终于打通了这座隧道！

斗在青藏线上
奖
八九三四七部队

马　　灯

年代：1960 年

尺寸：底座直径 14 厘米，高 30 厘米

这是铁道兵使用过的一盏马灯。

马灯是一种可以用手提的、能防风雨的煤油灯，因骑马夜行时，能挂在马身上而得名。马灯多用于户外照明，整体呈圆柱形，由灯架、提环、灯盖、油箱、灯头、灯芯、灯捻旋钮以及防风罩、防风罩护架等组成，油箱亦为灯座。除防风罩为透明玻璃外，其余构件皆为金属。

使用马灯时，只需点燃灯捻罩上防风罩就可以使用，封闭性能极好又具有防风防水功能。因此，20 世纪五六十年代，许多在野外执行任务住在帐篷的军队、建筑队、地质勘探队等，夜间照明工具皆为马灯。进入 20 世纪 70 年代以后，我国电力事业逐步发展。特别是改革开放以后，各种电器生产突飞猛进，先后诞生了多种便携式手电筒。人们在夜间外出不再需要马灯，马灯随之悄然走下历史舞台，淡出了人们的生活。

徐诚之的任命书

年代：1960 年 5 月 10 日

尺寸：长 41.4 厘米，宽 28.7 厘米

这是徐诚之任中国人民解放军铁道兵第六师政治委员的任命书，由周恩来总理签发，签发日期是 1960 年 5 月 10 日，编号为第 3016 号。

徐诚之，1921 年 10 月出生于山东省招远县，1939 年参加八路军，同年加入中国共产党，参加了辽沈、平津等战役。曾任抗大一分校支校政治教员，胶东军区海军支队俱乐部主任，牡丹江军区政治部、铁道纵队政治部宣传科科长，铁道兵团政治部宣传科科长；中朝联合铁道运输政治部、志愿军前方铁道运输政治部宣传部部长，铁道兵团政治部宣传部副部长、部长；铁道兵政治部宣传部部长，铁道兵第六师代政委、政治委员，石家庄铁道兵学校副政治委员，长沙铁道兵军政干校筹建组长，铁道兵党委常委、政治部主任。

1960 年，徐诚之任铁道兵第六师政委，带领部队执行嫩林铁路的修建任务。嫩林铁路位于大兴安岭林区，冬季气温达到零下 57 摄氏度，铁道兵战士们以冰雪化水解渴，以干粮蘸盐水充饥，徐诚之和广大指战员一同奋战在施工现场。“和战士打成一片，这是政工干部应具有的作风与智慧。”徐诚之说，“实际工作中，不能口里说一套，做人是另一套，战士们眼睛是雪亮的，否则，当你给大家做思想工作时，战士们心里就会产生抵触想法。”部队里长期开展“以劳动为荣、以艰苦为荣、以当铁道兵为荣”的“三荣”教育，徐诚之把“死地”改名为“三荣岗”，以此纪念战士们在“三荣”思想指导下为林区开发所作的贡献。

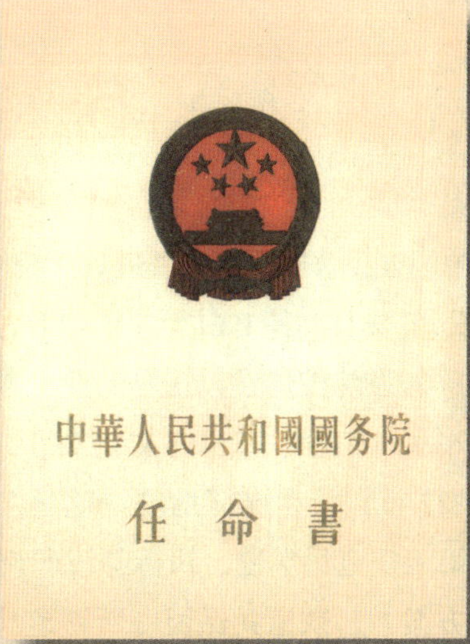
中華人民共和國國务院

任　命　書

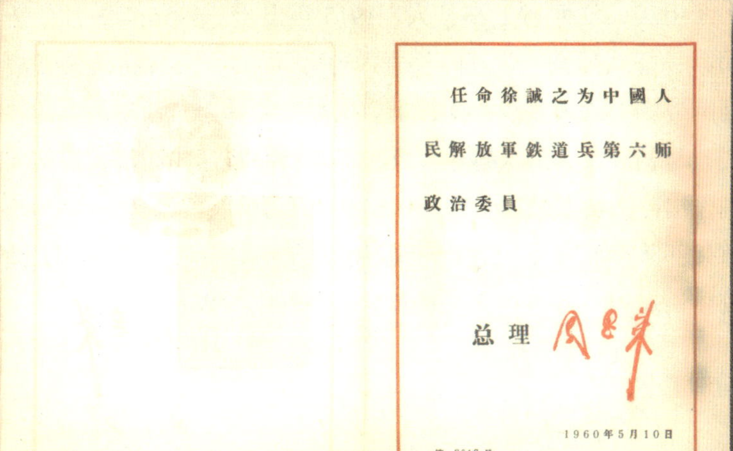
任命徐誠之为中國人民解放軍鉄道兵第六师政治委員

总理 周恩来

1960年5月10日

第 3016 号

汪祖美的任命书

年代：1961 年 5 月 10 日

尺寸：长 28.5 厘米，宽 20.5 厘米

这是汪祖美任中国人民解放军第二铁道兵学校校长的任命书。任命书由周恩来总理签发，签发日期是 1961 年 5 月 10 日，编号为第 610521 号。

铁道兵一直注重加强院校建设，培养专业干部。为有计划地提高干部的政治觉悟及军事、工程、技术、文化水平，建设正规化的铁道兵团，1961 年 4 月 22 日，总参谋部批复铁道兵，同意在四川绵阳组建中国人民解放军第二铁道兵学校，执行师级职权。1969 年 2 月，根据《军队院校调整方案》，铁道兵保留一所铁道兵学校，撤销第二铁道兵学校，原学校的营房、营具全部移交国务院第五机械工程部。

汪祖美，江西省上高县人，1915 年出生。1950 年 8 月，任铁道兵团第一师副师长、代理师长。1950 年 11 月，参加抗美援朝战争，在朝鲜战场上深入一线指挥，积极抢修抢建铁路，粉碎敌人的“绞杀战”，与朝鲜特大洪水搏斗，及时保障铁路畅通，为抗美援朝战争的胜利作出巨大贡献。回国后，1954 年 7 月，任铁道兵第一师师长，率铁道兵部队参加鹰厦、昆河等铁路建设。1961 年 5 月，任第二铁道兵学校校长。1963 年 4 月，任铁道兵司令部副参谋长、顾问。

中華人民共和國國务院
任 命 書

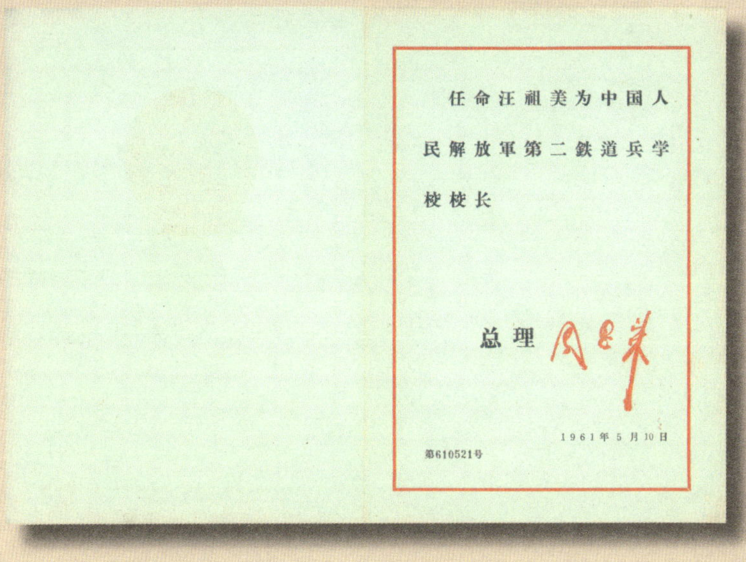
任命汪祖美为中国人
民解放軍第二鉄道兵学
校校长
总理
1961年5月10日
第610521号

意大利产经纬仪

年代：1962 年

尺寸：长 19 厘米，宽 19 厘米，高 40 厘米

这是铁道兵在施工中使用的意大利产 T4150 经纬仪。该经纬仪于 20 世纪 50 年代进口，由意大利菲洛技术公司制造，长 19 厘米，宽 19 厘米，高 40 厘米，是一台老式光学经纬仪。

经纬仪是一种根据测角原理设计的测量水平角和竖直角的测量仪器，广泛应用于工程建设领域。它由基座、度盘（水平度盘和竖直度盘）和照准部三个部分组成。根据度盘刻度和读数方式的不同，分为电子经纬仪和光学经纬仪。光学经纬仪因为读数复杂和误差较大，早已被淘汰，成为时代的一种印记。

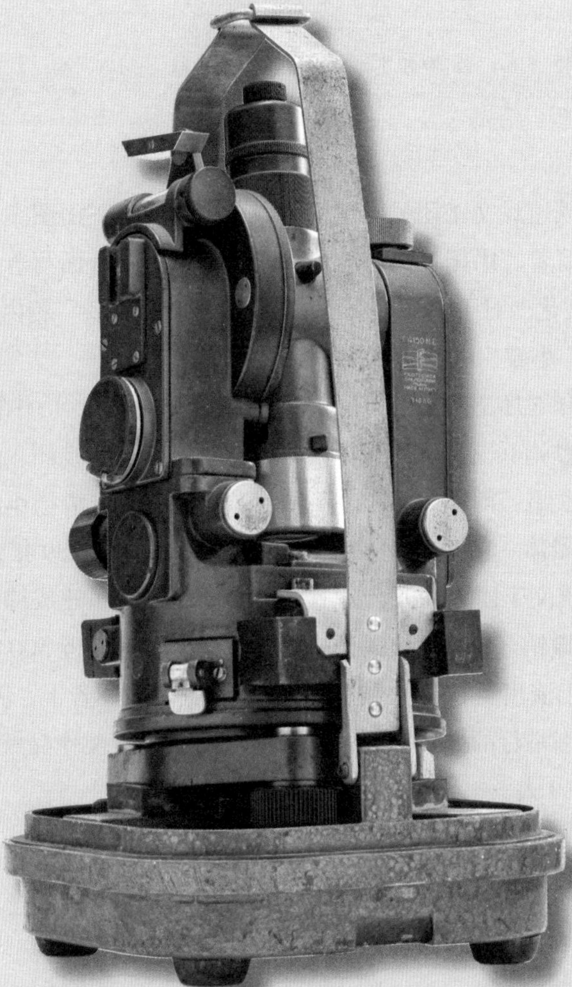

绿色乐器箱

年代：1960年

尺寸：长35厘米，宽26厘米，高34厘米

这是铁道兵文工团战士使用的绿色乐器箱，正面图案为红色五角星，下方写着“中国人民解放军总政治部制”。背面写着“毛主席语录 革命文化，对于人民大众，是革命的有力武器。”箱内通常装有大锣、小锣、小鼓、镲各一个。

1949年5月，中国人民解放军铁道兵团政治部文工团在天津成立。1955年，铁道兵文工团组建了歌舞团、话剧团、杂技团。后来逐渐发展为拥有歌唱、舞蹈、话剧、曲艺、杂技、魔术、滑稽小品等专业表演的文艺团体。1984年，文工团随铁道兵改制；1989年，更名为中国铁道建筑文工团；1998年，撤销文工团编制，组建成综合艺术团；2000年，撤销艺术团。文工团在团人数最多时达到近500人。铁道兵文工团编创演出了大量优秀节目，曾获得国际大奖若干，仅1964年、1977年分别举行的全军第三、四届文艺汇演中，获奖作品就达到21个，优秀个人39人。

中国人民解放軍总政治部制

毛主席语录
革命文化，对
于人民大众，是革
命的有力武器。

密纹唱片

年代：1964 年

尺寸：通径 25 厘米

这是铁道兵战士们使用过的一张密纹唱片。密纹唱片又称黑胶唱片，由氯乙烯—醋酸乙烯共聚体压制而成，每厘米半径内有 60 条至 120 条细密声槽。

唱片封套的正反面都印有红色的向日葵图案，正面写着“中国唱片”“中国唱片社出版 · 中国唱片厂印刷”，中间留有直径为 87 毫米的圆孔，更方便展示唱片的歌曲信息；背面用繁体字写着一句毛主席语录：“要使文艺很好地成为整个革命机器的一个组成部分，作为团结人民、教育人民、打击敌人、消灭敌人的有力武器，帮助人民同心同德地和敌人作斗争。”——《在延安文艺座谈会上的讲话》（一九四二年五月，《毛泽东选集》第三卷第八五〇页）。

这张密纹唱片编号为 1–6520，转速为 78 转 / 分，每面可播放录音17分钟左右。中间红色标签介绍了歌曲相关创作信息及出版日期，共收录《越想越光荣》《铁道兵志在四方》《四好红旗高高飘扬》三首歌曲。

作为一种声音和音乐载体，黑胶唱片的使用横跨 20 世纪。歌颂部队建设、军营生活、战士情怀及军民鱼水情的优秀歌曲，随着唱片来到部队，给战士们艰苦的行军生活带来了一抹色彩。同期，也有由塑料薄膜压制的塑料密纹唱片，每面可容纳 6 ~ 16 分钟的录音，有绿色、红色、蓝色三种颜色，音质虽不如黑胶密纹唱片，但价格便宜，更为普及。

中国唱片
中国唱片社出版 · 中国唱片厂印制

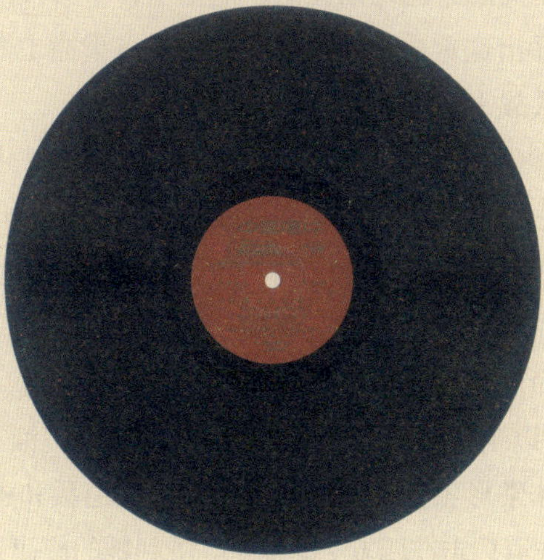

歌曲《铁道兵志在四方》创作油印稿

年代：1964 年

尺寸：长 26 厘米，宽 19 厘米

《铁道兵志在四方》是铁道兵的兵歌，也是中国铁建的司歌。这首歌创作于 20 世纪 60 年代初，由铁道兵文艺战士黄荣森作词，铁道兵文工团副团长、歌舞团团长郑志洁作曲，是根据铁道兵指战员的火热战斗生活和他们忠于党、忠于祖国、忠于人民，移山填海、豪情满怀的战斗精神创作的。

1964 年，《铁道兵志在四方》在“第三届全军文艺汇演”中荣获全军优秀歌曲创作奖。随后，中央人民广播电台在《每周一歌》节目中播出，引起了周恩来总理的注意。他指示，中央人民广播电台要在黄金时间滚动播出这首歌，并嘱咐在每日零点重播 1 个月，好让在夜间施工的铁道兵战士们听到这首歌。

1966 年，国家加强三线建设，周总理非常关心铁道兵的发展和战备施工进程。一次，在听取铁道兵领导同志的工作汇报时，周总理问：“《铁道兵志在四方》这首歌，你们知道不知道？会不会唱？”问罢，周总理当着各位领导的面，就打着拍子唱起了这首歌。又说：“这首歌很好，干革命就是要到祖国最需要的地方去，铁道兵就是要志在四方嘛，这首歌可以当作铁道兵的军歌嘛。”总理还把“铺”字改成了“织”字，修改后，非常形象生动。从此以后，有铁道兵和中国铁建人的地方，就会有《铁道兵志在四方》的歌声。听到她的旋律，无论在哪里，都能找到战友。

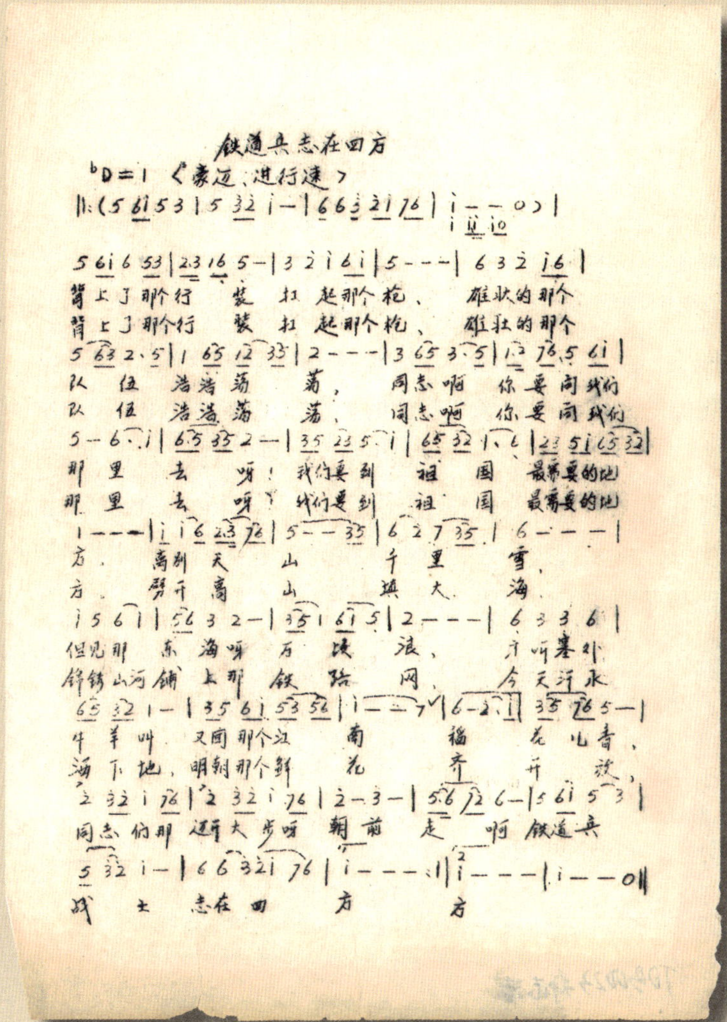
铁道兵志在四方
♭D=1 《豪迈、进行速》
背上了那个行 装 扛 起那个枪、 雄壮的那个
背上了那个行 装 扛 起那个枪、 雄壮的那个
队 伍 浩浩荡 荡， 同志啊 你要问我们
队 伍 浩浩荡 荡、 同志啊 你要问我们
那 里 去 呀！我们要到 祖 国 最需要的地
那 里 去 呀？我们要到 祖 国 最需要的地
方． 离别 天 山 千 里 雪．
方． 劈开 高 山 填 大 海．
但见那 东 海呀 万 顷 浪、 才听塞外
锦绣山河 铺 上那 铁 路 网． 今天汗水
牛 羊 叫． 又闻那个江 南 稻 花 儿 香．
洒 下 地． 明朝那个鲜 花 齐 开 放，
同志 们那 迈开大 步呀 朝 前 走 啊 铁道兵
战 士 志在 四 方 方

修建中尼公路纪念章

年代：1965 年

尺寸：通径 3.5 厘米

1965 年，中尼公路建成通车之际，西藏自治区人民委员会给参与筑路的铁道兵部队颁发了“修建中尼公路纪念章”。

该纪念章为圆形，铜质镀金，表面珐琅，设计精美，构图饱满。正面图案描绘了在崇山峻岭、江河密林中蜿蜒穿行的中尼公路，背景是白雪皑皑的珠穆朗玛峰和蓝色的天空，还特别刻画了“友谊桥”，底部象征喜庆的彩带上有“修建中尼公路纪念章”文字。背面有“中华人民共和国西藏自治区人民委员会颁发”“1962—1965”铭文。

中尼公路起自我国西藏自治区拉萨，止于尼泊尔加德满都，是根据我国和尼泊尔王国两国政府协议而修建的一条国际公路。这条公路的修建，对促进中尼两国文化交流、经济发展，增进两国人民的友谊，有着十分重要的政治和战略意义。

修建中尼公路纪念章

六五式领章、帽徽

年代：1965 年

尺寸：长 7 厘米，宽 2.5 厘米

六五式领章正面为红色平绒布，背面为白棉布，白棉布上有“部队代号”“姓名”“血型”的印戳，为战场上伤亡军人的救护、统计提供依据。领章前期为四周扎线，后期为胶裱褙。

当时对官兵帽徽、领章的佩戴和缀定位置有特别要求，在总参谋部和总后勤部的相关通知中提到：帽徽应用铁丝穿过两平行孔固定，以保持一角朝上，防止转动；领章应用红线缝钉，保持领章平整，位于翻领领端正中间，左右领章之一应于翻领口边缘取齐。

1965 年 5 月 1 日，根据三届全国人大常委会第九次会议有关决定，全军官兵摘下五五式帽徽、军衔肩章、领章、军兵种和勤务符号，开始佩带六五式红五星帽徽和红领章。至此，实行 10 年的我军五五式军衔制宣告结束。

六五式军服简洁、朴素、实用，红五星、红领章鲜艳、简明，不加任何修饰，官兵一致，更加整齐划一。六五式军服包括其改进型的七一式、七四式、七八式、八零式军服，整整实行了 20 年，是我军装备时间最长、发放数量最多的制式服装。在世界军服发展史上，中国的六五式军装占了重要的一席之地。“一身绿，三片红”的六五式军服曾经代表了一个时代，也一度成为中国的象征，深受广大官兵和全国人民的喜爱。

六五式军服

年代：1967 年

这是铁道兵指挥部政委李际祥穿过的六五式军服。

六五式军服是 1965 年 6 月 1 日至 1985 年 5 月 1 日期间，中国人民解放军陆、海、空三军装备的军常服。军上衣，军服为立翻领，衣襟扣为五粒光面胶木扣。衣袋为内挖袋，有袋盖。干部服为四袋，胸袋扣内藏；战士服为两胸袋，袋扣露于袋盖之上。六五式军服简洁、朴素，突出老红军传统，强调官兵一致，而且更加整齐划一。

犀牛角工艺品

年代：1966 年

尺寸：长 18 厘米，高 22 厘米

1966 年，在中国驻越南大使馆，越南民主共和国主席胡志明向中国友人肖春先赠送了一座犀牛角摆件。

该摆件长 18 厘米，高 22 厘米，三株椰树立于地面，一大一小两头象于树下采食。摆件通体由犀牛角磨制而成，雕工细腻，栩栩如生，体现了浓郁的东南亚风情，表现了和平美好的生活氛围。

国防部颁发给张春玉“铁道兵硬骨头战士”称号的奖状

年代：1966 年 9 月 19 日

尺寸：长 61.5 厘米，宽 46.5 厘米

这是 1966 年 9 月 19 日国防部颁发给张春玉的奖状。

奖状内容：

铁道兵三师十三团十六连副班长张春玉同志，一九六五年六月三十日在执行施工任务中，在发生意外塌方的危急时刻，舍死忘生，奋勇抢救战友，不幸身负重伤。为表彰张春玉同志一心为公、关怀同志、勇于牺牲的高贵品质，特授予“铁道兵硬骨头战士”称号。特发此状。

“我这一辈子愿做一把泥土、一块石头、一根枕木，铺在通往共产主义的大道上，让革命的列车从我身上通过，全速前进！”这是张春玉的座右铭。

1965 年 6 月 30 日凌晨，嫩林铁路朝阳山 1 号隧道突然发生塌方，正在施工的铁三师战士郭凤塘被砸昏倒地，处境危险。副班长张春玉一个箭步冲上前，将其推出险区。就在这一瞬间，一块万斤巨石塌落下来，卡压在张春玉腰部长达 2 小时 40 分钟，当场砸断一条大腿，三根肋骨，造成严重伤残。张春玉在生命垂危的情况下，还挂念着受伤战友的安危。1966 年 3 月 12 日，铁道兵党委下令，给张春玉同志记一等功。1966 年 9 月 19 日，国防部下发命令，授予张春玉“铁道兵硬骨头战士”称号。

奖状
铁道兵三师十三团十六连副班长张春玉同志，一九六五年六月三十日在执行施工任务中，在发生意外塌方的危急时刻，舍死忘生，奋勇抢救战友，不幸身负重伤。为表彰张春玉同志一心为公、关怀同志、勇于牺牲的高贵品质，特授予“铁道兵硬骨头战士”称号。特发此状。
中华人民共和国国防部
一九六六年九月十九日

六七式木柄手榴弹箱

年代：1967 年

尺寸：长 53 厘米，宽 24 厘米，高 16 厘米

这个手榴弹箱用于存放六七式木柄手榴弹，可以装 30 枚，装满手榴弹后，每个箱子重为 22 公斤。

六七式木柄手榴弹采用铸铁弹体，全弹质量600克，弹径48毫米，全弹长 204 毫米，主装药为 38 克 TNT 炸药（2,4,6- 三硝基甲苯），可产生 70 ~ 110 个破片，杀伤半径 7 米，破片离炸点 80 米以外仍有杀伤威力。

67式
木柄手榴弹
64－70－651

北京地铁站历史照片

年代：1967 年

这张历史照片拍摄于北京地下铁道一期工程施工过程中的北京地铁站。北京地下铁道一期工程，即北京地铁 1 号线，是我国自行设计、自行施工的第一条地下铁道，由铁道兵第十二师修建。从 1956 年起，北京市就对北京地下铁道的地址、水文等情况进行调查。1965 年 1 月 15 日，北京军区司令员杨勇、北京市副市长万里、铁道部副部长武竞天就北京地下铁道建设的方针原则、施工规划、防护标准、施工力量以及组织领导等问题，给中共中央、中央军委写了报告。对此，毛泽东主席于 2 月 4 日即做了批示："精心设计、精心施工。在建设过程中，一定会有不少错误失败，随时注意改正。"毛泽东主席的批示，极大地鼓舞了铁道兵的革命干劲和劳动热情。

北京地铁 1 号线全长 29 公里，于 1965 年 7 月 1 日破土动工，朱德、邓小平、彭真、李先念、罗瑞卿等中央领导莅临工地参加了开工典礼。一期工程东起北京火车站，延古城墙西行，经崇文门、前门、宣武门，过长椿街向北至复兴门，再向西经礼士路、木樨地、公主坟、五棵松、古城、苹果园等站，采用明挖浅埋方法施工。施工过程中，地面和地下拆迁工作量大，干扰多，困难重重。但是，广大指战员认真贯彻毛主席的批示精神，大胆探索、精心施工，不断总结经验教训。1970 年 9 月，北京地铁 1 号线终于建成通车，并于 1971 年 1 月开始运营。

1971 年 3 月，北京地铁 2 号线破土动工，由铁道兵第十二师、第十五师修建。北京地铁 2 号线包括环城线及八角村支线。环城线从北京站向东，经建国门、朝阳门、东直门、地安门、西直门、阜成门至复兴门，长 16.1 公里，于 1974 年底建成通车。

北京地铁 1、2 号线的修建，为此后地铁的建设积累了宝贵经验。

拨号盘式电话机

年代：1968 年

尺寸：长 18 厘米，宽 16 厘米，高 13 厘米

这是铁道兵曾使用的拨号盘式电话机。其通话部分包括送话器、受话器和电感线圈。信号接收功能仍由交流铃完成，信号发送部分则由机械式旋转拨号盘来实现。

电话拨盘每一个格就是一个脉冲，拨 1 就是 1 个格，拨 9 就是 9 个格，也就是能听到咔咔声 9 次。每个对应位置就接通一次脉冲，错过位置就断了，下一个格又是一个脉冲，0 就是 10 个脉冲。

藤条安全帽

年代：1969 年

尺寸：帽檐外径 30 厘米，帽高 15 厘米

这是铁道兵战士在修建襄渝铁路时戴过的安全帽，由藤条编织而成。

安全帽是防止冲击物伤害头部的防护用品。在建设施工中，铁道兵配发的安全帽大多是这种藤条编织的，具有轻便、透气等优点。但是，防坠落物冲击的能力较差，如今早已被时代淘汰。目前，安全帽常见材质有玻璃钢、聚碳酸酯塑料、ABS 塑料、超高分子聚乙烯塑料等。

这顶藤条编织的安全帽，是当年我国经济发展水平和工业制造能力较低的一个印记，也是铁道兵艰苦工作条件的写照。

红旗牌收音机

年代：1969 年

尺寸：长 32 厘米，宽 13 厘米，高 20 厘米

这是铁道兵部队使用过的红旗牌 604 型 6 晶体管三波段收音机，由上海无线电三厂制造。该机性能优良，内部结构简单。机身前脸有语录、白毛女剧照、革命遗址等不同版本图案，时代特征鲜明。

晶体管收音机是指用晶体管处理和放大信号的收音机，是继电子管收音机之后的第二代收音机产品，较第一代收音机具有外观小巧、性能稳定等优点。

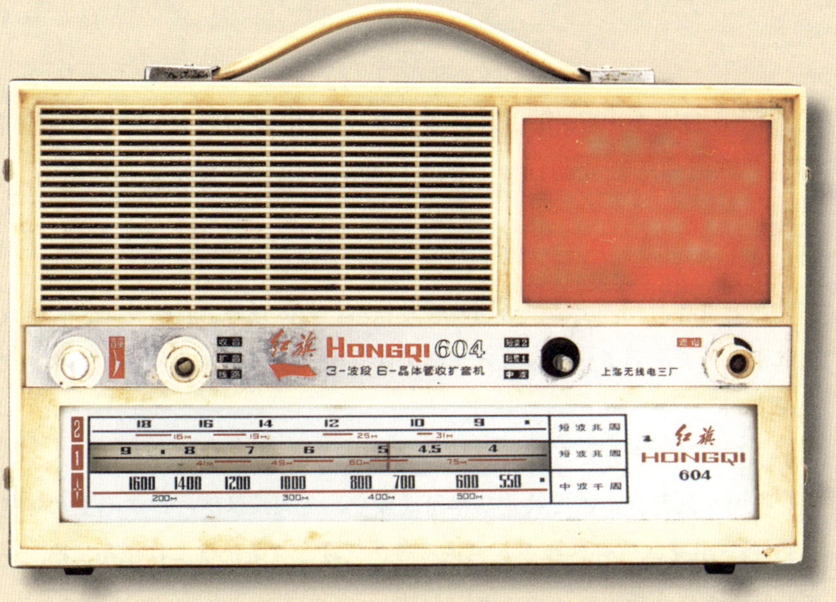

红旗 HONGQI 604
3-波段 6-晶体管收扩音机
上海无线电三厂
短波兆周
短波兆周
中波千周
红旗
HONGQI
604

书籍《光荣的铁道兵》

年代：1970 年 1 月

尺寸：长 20 厘米，宽 13 厘米

该书编印于 1970 年 1 月，是铁道兵思想政治教育读物之一。内容包含铁道兵的性质与任务、铁道兵的战斗里程、英模人物事迹等。

书的扉页写着：

随时准备打仗。要多快好省地修建铁路。精心设计，精心施工，在建设过程中一定会遇到不少错误失败，随时注意改正。发扬光荣传统，争取更大光荣。

《铁道兵的性质与任务》篇中写道：

中国人民解放军铁道兵是陆军组成部分，是战役保障兵种。毛主席曾提出："铁道兵是工程部队性质，无论平时、战时，都是执行工程任务，是工程部队，不是战斗部队。"

內部材料
注意保存
光荣的鉄道兵
中國人民解放軍 八七一一部队政治部
一九七〇年元旦

《坦桑尼亚—赞比亚铁路勘测设计报告》

年代：1970 年 6 月

尺寸：长 29.6 厘米，宽 21 厘米

《坦桑尼亚—赞比亚铁路勘测设计报告》分为上、下两册，每册书中包括中文正文、英文翻译和附件图纸，内容分为六章：第一章是线路及输送能力；第二章是车站及设备；第三章是机车、车辆及机车车辆修理厂；第四章是组织机构及定员；第五章是主要工程数量及施工程序的安排意见；第六章是修建坦赞铁路总概算。附件包括坦赞铁路线路平剖面缩图、达累斯萨拉姆地区铁路总布置图、木比卡地区铁路总布置图、线路上部建筑、路基、桥涵、隧道、站场、房建、工厂等内容。

根据中、坦、赞三国政府签订的"关于修建坦桑尼亚—赞比亚铁路的协定"等，中国援建坦赞铁路勘测设计队于 1968 年 5 月开始进行坦赞铁路的勘测设计工作。其间，中国援建坦赞铁路队伍与坦、赞两国人民一起克服了种种困难，共同努力，出色完成了任务，并于 1970 年 6 月编制完成《坦桑尼亚—赞比亚铁路勘测设计报告》。

坦赞铁路是一条贯通东非和中南非的交通大干线。东起坦桑尼亚达累斯萨拉姆，西讫赞比亚卡皮里姆波希，全长 1860.5 公里。铁路沿线地形复杂，穿越坦赞部分高山、峡谷、湍急的河流、茂密的原始森林，有的路基、桥梁和隧道地基土质为淤泥、流沙，沿线许多地区荒无人烟，野兽出没。全线工程浩大，技术复杂，施工条件异常困难。全线建桥梁 320 座，总延长米为 16520 米；隧道 22 座，总延长米 8898 米；兴建车站 93 个；建设房屋总面积 37.6 万平方米。

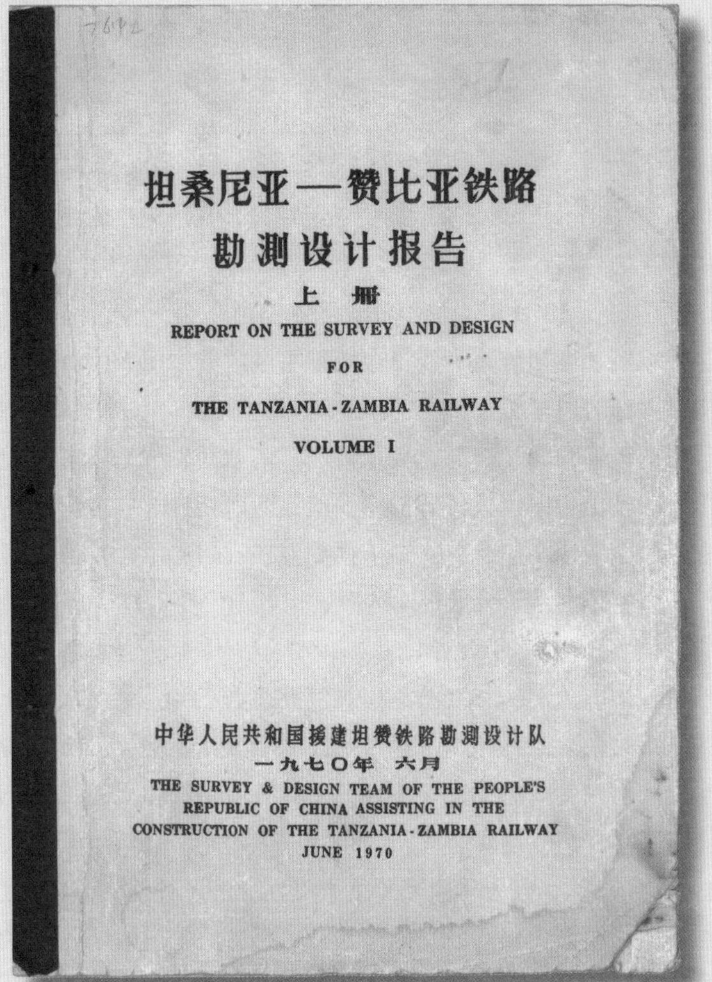
坦桑尼亚—赞比亚铁路
勘测设计报告
上 册
REPORT ON THE SURVEY AND DESIGN
FOR
THE TANZANIA-ZAMBIA RAILWAY
VOLUME I
中华人民共和国援建坦赞铁路勘测设计队
一九七〇年 六月
THE SURVEY & DESIGN TEAM OF THE PEOPLE'S
REPUBLIC OF CHINA ASSISTING IN THE
CONSTRUCTION OF THE TANZANIA-ZAMBIA RAILWAY
JUNE 1970

成昆铁路通车纪念屏风

年代：1970 年 7 月 1 日

尺寸：高 228 厘米，宽 190 厘米

1964 年 8 月，党中央决定加快三线建设，毛泽东主席发出“成昆线要快修”的号召。

这面屏风是 1970 年 7 月 1 日成昆铁路通车当天，云南省革命委员会昆明军区和四川省革命委员会成都军区送给中国人民解放军铁道兵西南指挥部的通车贺礼。

屏风的正面写着“成昆线要快修”，落款写着“毛泽东”。屏风下面刻着“赠给：中国人民解放军铁道兵西南指挥部”“庆祝成昆铁路‘七一’全线通车纪念”。最下面刻着“云南省革命委员会昆明军区”“四川省革命委员会成都军区”“一九七〇年七月一日”。

成昆铁路于 1958 年开始修建，1970 年 7 月 1 日全线通车，全长 1083 公里，桥隧总长 433.7 公里，占线路总长的 40%，平均每 1.7 公里有一座桥梁，每 2.5 公里有一座隧道，共有 991 座桥梁，427 座隧道。在当时生产力极度落后的条件下，铁道兵凭借钢钎和大锤贯通全线。为适应线路需要，隧道要修成“灯泡型”“S 型”“麻花型”等。

1982 年 12 月，联合国宣布象征人类在 20 世纪征服大自然的三项伟大杰作，排在第一位的就是成昆铁路，第二位是美国阿波罗宇宙飞船登月，第三位是苏联人造卫星发射成功。

成昆线要快修

孙剑明烈士背心

年代：1970 年

这是孙剑明烈士在修建成昆铁路时穿的跨栏式背心，这件蓝色背心正面中央印有一颗放射光芒的红色五角星，上下分别写着“中国人民解放军”“渡口驻军”。背心下方别着六枚不同的毛主席头像纪念章和一枚“为人民服务”纪念章。背面写着数字“5”。

孙剑明烈士生于 1949 年 6 月，四川成都人。1968 年，入伍成为铁道兵第五师第二十五团第五营第二十二连的一名战士，参建了成昆铁路的建设。1970 年 4 月 17 日，刚上完夜班的孙剑明又和战士们一起赶往隧道排哑炮。排哑炮过程中，突然一颗没有爆炸的“哑炮”炸响了，几千斤重的大石头瞬间砸落下来，孙剑明当场牺牲，年仅 21 岁，这时距成昆铁路通车只剩两个多月。

孙剑明烈士的父亲是老红军，时任四川省民政厅厅长。1968 年，成昆铁路建设中，他将最小的儿子孙剑明送到铁五师当兵。孙剑明在部队中吃苦耐劳、不怕牺牲，很快入了党，并被部队评为五好战士、团标兵。1970 年，孙剑明光荣牺牲后，他父亲强忍悲痛，说：“当兵就要有牺牲的准备……我要再送两个儿子到铁道兵。”于是，孙剑明的两个哥哥孙剑锐和孙剑光来到了他生前的连队，继续他未完成的事业。后来，老人又把不满 16 周岁的外孙女段海燕也送入铁道兵部队。祖孙三代军人，四个铁道兵，体现了铁道兵对党和人民军队的无限忠诚。

中國人民解放軍
渡口駐軍

手摇电话机

年代：1971年

尺寸：长19厘米，宽15厘米，高20厘米

这是铁道兵曾用过的HCX-3便携式磁石电话。

该电话主要由送话器、受话器、手摇发电机、电铃、干电池等几部分构成，可为专业通信（如矿业、铁路等），以及自然灾害发生时提供应急通信保障。通信用电是由自备的干电池提供，而振铃电能则由手摇发电机提供。两用户之间通话时，用户摇动手摇发电机时能产生16 ~ 25赫兹交流信号，经用户线使磁石交换机的吊牌落下，或对被叫用户的话机交流铃振铃。

磁石电话不需要外接电源，具有携带方便、通信距离远、应用广泛、结构结实、重量轻、寿命长、外形美观等特点。磁石电话需要频繁更换电池，手摇发号也很不方便，已逐渐被其他电话机取代。

中国人民解放军军用汽油票

年代：1971 年

尺寸：长 12.5 厘米，宽 5.5 厘米

这是中国人民解放军军用汽油票，面值为 1 公斤。

油票正面居中是一名解放军和两名民兵的形象，图案上方有“中国人民解放军军用油票”字样；左边有“汽油”字样，文字下方是一辆坦克的图案；右边有“壹公斤”字样，文字下方是一辆卡车的图案；下部有发行时间“1971”。

油票背面盖有中国人民解放军总后勤部供应部的印章，并写有使用说明。

说明内容为：

1. 此票只限军内车辆使用。
2. 凭此票可到陆、海、空军油库、站领加油料。
3. 非军队车辆持此票加油时，须凭部队的介绍信。
4. 油票不准转让、变卖，涂改无效，遗失不补。

中国人民解放军
军用油票
1
1
汽油
壹公斤
1971

说 明
1.此票只限军内车辆使用。
2.凭此票可到陆、海、空军油库、站领加油料。
3.非军队车辆持此票加油时，须凭部队的介绍信。
4.油票不准 卖，涂改无效，遗失不补。

绿色安全帽

年代：1971 年 9 月

尺寸：帽檐直径 31 厘米，帽高 17 厘米

1971 年 9 月，铁道兵战士吴荣奎在施工中被落石砸到，这顶安全帽保住了他的性命，所以他一直留存至 2014 年，后捐献给铁道兵纪念馆。

安全帽为军绿色，帽檐内缘固定有松紧带，用于固定头部；从帽子内部两侧各垂下一根布条，用于在下颌处打结固定安全帽。帽子上方有若干条放射状凸起的顶筋；在帽子的一侧，可以看到一处被石头砸到而产生的明显破损。

朝鲜平壤地铁设计文件

年代：1972 年

尺寸：长 26.5 厘米，宽 19.3 厘米

平壤地铁始建于 1966 年，是朝鲜领导人金日成参观了正在建设中的北京地铁和莫斯科地铁之后，在中国、苏联及东欧各国的支援下，仿照北京及莫斯科地铁，发动修建的世界上最深的地铁系统，有些地铁站最深处达地下 200 米，平均深度亦达 100 米。因此，除了交通运输外，平壤地铁系统还有防空洞的功能，是为可能发生的战争考虑设计的。

该设计文件由中国人民解放军铁道兵地下铁道勘测设计队编写，包括《总说明书》和《附图》两部分内容。

这是设计文件的第一部分《总说明书》，包括概述、线路基本概况及运行方式、主要设计计算依据、设计文件组成顺序四部分内容。

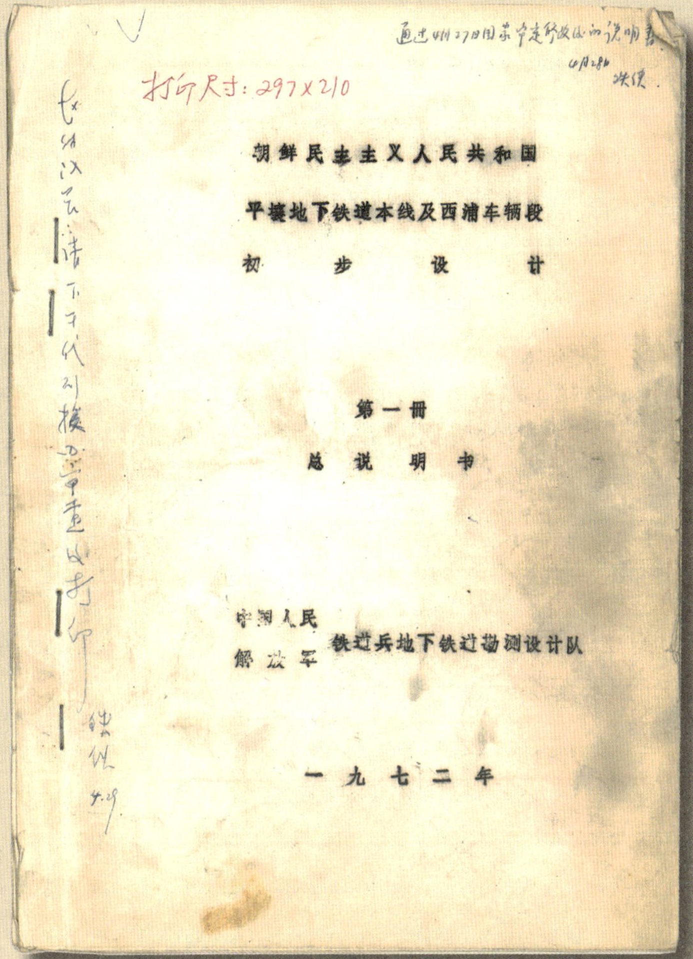
打印尺寸：297×210

朝鲜民主主义人民共和国

平壤地下铁道本线及西浦车辆段

初　步　设　计

第一册

总　说　明　书

中国人民
解放军　铁道兵地下铁道勘测设计队

一　九　七　二　年

军用水壶

年代：1972 年

尺寸：长 18 厘米，宽 14 厘米，高 9 厘米

这是中国人民解放军六五式军用水壶，于 1972 年配发给铁道兵战士，材质为铝，涂绿漆，配帆布背带，重量 300 克，容量 1 升。六五式军用水壶是我军装备时间最长的军用水壶。

1950 年，随着五〇式军服投入使用，我军第一次大规模为部队发放水壶。当时，由于物资匮乏，水壶采用铝制壶身和软木塞，这使得水非常容易流出而且在饮用时水中有软木塞带来的较大异味。六五式军用水壶是在 1965 年我国发放六五式军服时配发的，其中最大的改进就是新式水壶使用了酚醛树脂材质的壶盖，彻底解决了软木塞容易脱落和饮用水异味的问题。

20 世纪 60 年代至 80 年代，“国防绿”的热潮风靡全国，绿军装、斜挎包和军用水壶是无数青少年渴望拥有的时髦装备。

陈嘉珍参建嫩林铁路时戴过的防蚊帽

年代：1972 年

尺寸：高 47 厘米，宽 37 厘米

这是铁道工程专家陈嘉珍参建嫩林铁路时戴过的防蚊帽。防蚊帽顶部及后半部用绿平布、正面用化纤细丝网状织物制成。网状织物最下方由一圈松紧带收紧，既能防蚊虫对人头、脸、颈部位的伤害，还不影响视线和听觉。

嫩林铁路位于我国的大兴安岭，全长 677 公里。20 世纪六七十年代，为了开发林业资源，铁道兵组织 10 万大军修建了这条铁路。嫩林铁路沿线自然环境恶劣，冰冻期长达 7 个月，最低气温达到零下 57 摄氏度；春天冰雪融化，变成沼泽，人一不小心就会陷入；夏天蚊虫滋扰，令人坐卧不宁，铁道兵部队中流传着一句顺口溜：大兴安岭三件宝，蚊子、牛虻和小咬。因此，防蚊帽是战士们在夏天必备的生活用品。

陈嘉珍长期从事铁路工程建设，曾参加鹰厦、贵昆、嫩林、大秦、京九等铁路线的建设和施工技术管理工作。1994 年，荣获铁道部火车头奖章。1995 年，被国务院授予“全国劳动模范”称号，并获铁道部“京九铁路建设先进个人”称号。1984 年至 2000 年，任中国铁道学会第二、三、四届常务理事。2000 年，任中国铁道建设协会第四届常务理事。

小说《激战无名川》

年代：1972年

尺寸：长19厘米，宽14厘米

《激战无名川》是铁道兵历史上最著名的一部小说。它以铁道兵团抢修百岭川大桥为背景，讲述了以李云龙、史阜民、袁孝文等为原型的铁道兵故事，曾被翻译成朝鲜语等多种语言。

20世纪70年代，八一电影制片厂拍摄了同名影片《激战无名川》。后来，还出版了连环画。

《激战无名川》故事梗概：1951年冬，在抗美援朝的战场上，中国人民志愿军铁道兵某部钢铁九连担负着抢修无名川铁路大桥的艰巨任务。无名川大桥是通往前线的咽喉，也是敌机轰炸的重点目标，就在距离上级指定的通车时间——新年零点只有三天的时候，敌机又将大桥炸成了两截。铁道兵们战风雪、斗严寒，下到冰冷的河水中去打工字梁；他们深入火海，扑灭烈焰，奋不顾身地抢救大桥；他们勇闯弹区，开弹膛，机智勇敢地排除敌机投下的大量定时炸弹；他们布下疑阵，迷惑敌机，巧妙地夺取了时间。在朝鲜人民军高射炮部队的配合下，终于提前抢通了大桥。就在大桥即将通车的关键时刻，敌人派来的特务偷卸了大桥铁轨上的螺丝。郭铁为了抢救大桥，用先烈传下来的扳子代替螺丝，保证了支援前线的列车顺利地通过了无名川大桥，确保了前线的胜利。

激戰無名川
郑 直

무명천의 격전
정 직

ZHENG ZHI
NAMSIZ DƏRYA BOYIDIKI
XIDDƏTLIK JƏNG

小说《钻天峰》

年代：1975年

尺寸：长12厘米，宽5.6厘米

长篇小说《钻天峰》是铁道兵时期一部较有影响力的作品，由三结合创作组集体创作。封面有中国画的神韵，青山巍峨直插云天，“钻天峰”三个大字如凿在山岩上；相连的桥隧，高悬的飞瀑，一面面红旗引领着浩浩荡荡的队伍向上攀缘。

1975年6月，该作品由人民文学出版社出版，全书26万字。它以成昆铁路建设为背景，讲述了铁道兵某部一个连，在红军长征战斗过的地方，打隧道、修铁路，为我国社会主义建设贡献力量的故事。其塑造的连长杨占斌、师政委鲁征和生产大队党支部书记田大爹等英雄形象，表现了铁道兵顽强拼搏、艰苦奋斗的精神面貌，反映了军民团结战斗的鱼水之情。

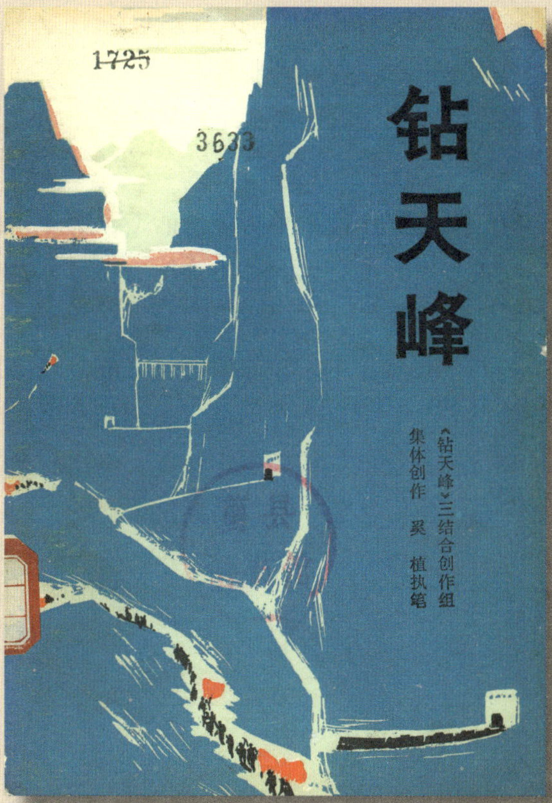
1725
3633
钻天峰
《钻天峰》三结合创作组
集体创作 奚 植执笔

KH–1 型防爆电话机

年代：1975 年

尺寸：长 22 厘米，宽 12 厘米，高 10 厘米

这是铁道兵使用过的 KH–1 型防爆电话（隧道悬挂式手柄电话机），由辽宁有线电一厂生产，盒体下边标有型号、合格证号、出厂日期、生产厂商等信息。

在铁路、公路隧道施工中，穿越的地层可能会溢出瓦斯等可燃气体，存在爆炸的危险，而电火花则是引起燃烧和爆炸的主要原因之一。因此，在存在易燃气体的隧道中施工，使用的电器应该是专门的防爆电器，避免使用过程中产生电火花。

KH—I型
合格证号 172502
出厂日期
辽宁有线电一厂

71–WB 型无标尺测距仪

年代：1976 年

尺寸：长 64.5 厘米，宽 13.5 厘米，高 20.5 厘米

这台 71–WB 型无标尺测距仪是由长春市第二光学仪器厂生产的，产品编号是 76028，产品检验合格证上盖有红色的长春市第二光学仪器厂检验专用章，合格证背面检验项目包括测距精度、测角精度、读数显微系统质量和望远系统质量四方面。

光学测距可以分为两大类：一类是利用光波长度或者速度来测定距离，另一类是利用视差角。71–WB 型无标尺测距仪属于后一类，是整体设计的定基尺测距、测角光学仪器。它主要适用于铁路、公路、矿山、地质、水利工程、城市建筑等方面的地形测量、断面测量及视距导线测量。因为这台仪器可以不用人工立尺，所以特别适用于悬崖峭壁，以及工作人员不易攀登的山区的地形勘察测绘工作。设计这台仪器时，为了缩小仪器体积，减轻重量，特采用了 550 毫米短基线。同时，为了保证仪器的测距精度，扩大测量范围，将测距尺盲距改为 60 米，设置了盲距分划板，使仪器的最短测距范围减为 10 米。结构上则采用了同步异向双光楔测微仪计，消除了测水平角时的偏心差，保证了精度，并可连续转点。

71–WB 型无标尺测距仪集精度高、体积小、便于操作和携带的优点于一身，协助完成了许多高难度的勘察测绘工作。

坦赞铁路工程影集

年代：1976 年 6 月

尺寸：长 37 厘米，宽 33 厘米

这是一本记录了坦赞铁路建设历程和重要工程、设备的影集，共有76张照片。

坦赞铁路是中国铁建在非洲修建的第一条铁路，从坦桑尼亚至赞比亚，全长 1860.5 公里，于 1970 年 10 月开工，1976 年 7 月全线完工。坦赞铁路建成后，成为将坦赞两国连结在一起的主要交通干线，为赞比亚出口提供了一条新的、可靠的出海通道，保证了赞比亚的主要收入来源。

40 多年来，坦赞铁路促进了坦赞两国的经济发展和城乡物资交流。铁路沿线涌现了很多新兴城镇，并成为各地区政治、经济、文化中心。同时，这条铁路也为支援南部非洲的民族解放斗争发挥了积极作用，它是中非友好史上的不朽丰碑。

为了便于形象地了解坦赞铁路工程的概貌，我们拍摄了部分工程和设备的照片，编排成本影集，以供参阅。

中华人民共和国
援建坦赞铁路工作组
一九七六年六月

In order to give a figurative introduction of the general outline of the Tan-Zam Railway project, we present herewith photos on part of the engineering items and equipments in this album for your reference.

The Working Team of the People's
Republic of China Assisting in the Construction
of the Tanzania-Zambia Railway
June, 1976

参建毛主席纪念堂获得的奖状

年代：1977 年 5 月

尺寸：长 52 厘米，宽 38 厘米

1976 年 9 月 9 日，毛泽东主席逝世以后，中央决定建立毛主席纪念堂，以纪念毛主席的丰功伟绩。

这是颁发给参建这一工程建设的铁道兵战士庄须虎的奖状。

内容：

庄须虎同志：在毛主席纪念堂工程建设中，你出色地完成了党和人民交给的光荣任务，被评为先进工作者。望再接再励（厉），乘胜前进。

落款：

毛主席纪念堂工程现场指挥部第一分指挥部，一九七七年五月二十四日。

毛主席纪念堂
庄炳虎 同志：
在毛主席纪念堂工程建设中，你出色地完成了党和人民交给的光荣任务，被评为先进工作者。望再接再励，乘胜前进。
毛主席纪念堂工程现场指挥部
第一分指挥部
一九七七年五月二十四日

书籍《雷锋式的好干部梁忠孟》

年代：1977 年 10 月

尺寸：长 18.3 厘米，宽 13 厘米

这本连环画讲述了铁道兵英雄“雷锋式的好干部”梁忠孟奋不顾身保护人民群众的故事。

梁忠孟于 1947 年入伍，曾参加过抗美援朝战争。回国后，曾参加了成昆、青藏、鹰厦等 9 条铁路的修建，多次立功受奖。1977 年 2 月 12 日，时任铁十师四十八团副团长的梁忠孟从青海回家探亲，途经青岛崂山县时，一辆拉粮食的马车从后面驶来，当马车行至距梁忠孟同志约 20 米处，套骡突然受惊，扬蹄狂跑，辕马也跟着惊跑。这时，如不拉住惊马，车上的两名驭手和附近的人民群众都有危险。在群众生命安全受到严重威胁的时刻，梁忠孟同志不顾个人安危，毫不畏惧地冲上前去，从马车的右前方冲到套骡的左边，用双手紧紧抓住套骡的腰部，套骡受惊后又向前猛窜，将梁忠孟同志摔倒在地……驭手和人民群众脱险了，梁忠孟同志的头部却不幸被辕马踩伤，昏迷过去。在场的群众急忙上前抢救，将梁忠孟同志抬上一辆过路车急速送往崂山县医院。虽经医护人员多方抢救，但由于梁忠孟同志的颅底骨折，造成脑挫裂伤，抢救无效，于 9 时 30 分光荣牺牲，终年 51 岁。同年，中央军委授予梁忠孟同志“雷锋式的好干部”荣誉称号，命名大会于 1977 年 8 月 8 日在北京举行。

雷锋式的好干部
梁忠盈

“自卫还击　保卫边疆”搪瓷杯

年代：1979 年 3 月

尺寸：直径 9 厘米，高 13 厘米

这是对越边境自卫反击战中，中央慰问团赠予铁道兵参战人员的搪瓷杯。搪瓷杯是 1979 年 3 月由上海搪瓷四厂生产的，商标是海狮牌。搪瓷杯正面用红色油漆写着“自卫还击　保卫边疆”“胜利纪念”“中央慰问团赠”“一九七九年三月”。背面印着红色的天安门城楼图案。

20 世纪 70 年代，越南人民取得抗美救国民族解放战争的胜利后，其上层领导集团违背广大人民的意愿，先后对老挝、柬埔寨进行侵略扩张。他们的错误行径，受到中国人民的坚决反对。在此情况下，越南将中国视为其推行侵略战争的重大障碍，进而走上了全面恶化中越关系的道路。他们背弃中越人民传统友谊，制造反华舆论，煽动民族仇恨，挑起边界纠纷，仅 1978 年就在边境地区挑起事件 1100 多起，给中国人民的生命财产带来严重损失，对中国领土完整造成严重威胁。

在忍无可忍的情况下，1979 年 2 月，中国政府被迫进行自卫还击，并在 1 个月内取得胜利。对越边境自卫反击战中，根据中央军委命令，铁道兵第一师、第二师部分部队参战，执行战区铁路保障任务。铁道兵参战部队发扬“野战军打到哪里，就把铁路修到哪里”的光荣传统，英勇顽强，不怕牺牲，紧随作战部队前进抢修，对运送作战物资和部队伤员起了很大作用。

自衛还击 保卫边疆
胜利纪念
中央慰问团赠
一九七九年三月

“自卫还击　保卫边疆”纪念章

年代：1979 年

尺寸：通径 3.4 厘米

这是对越边境自卫反击战中，中国人民解放军总政治部颁发给铁道兵参战人员的纪念章。

纪念章为铝质镀金，上面铭牌内铸有“自卫还击　保卫边疆”八个原色沙底凸字，纪念章正面图案中心是天安门和 5 颗五角星，外环是齿轮、麦穗和冲锋枪，外面是两个交叉的五角星和星花；纪念章的背面刻有“中国人民解放军总政治部”“一九七九”字样。

对越边境自卫反击战结束后，对参加战争的全体指战员，直接为作战服务的人员，直接参战的民兵、民工、支援前线人员，以及到前线报道的记者等人员都授予了“自卫还击　保卫边疆”纪念章。

自卫还击 保卫边疆

飞鱼牌手摇计算机

年代：1979 年

尺寸：长 32 厘米，宽 28 厘米，高 17 厘米

这是电子计算机出现以前，20 世纪六七十年代，铁道兵科研人员使用的手摇计算机。当时，飞鱼牌计算机十分稀少，只有科研单位的处长级领导才有配备。

机身前端中部为 10 位置数按键，按键左侧下部为报数架移位捏手，按键右侧为加减、乘除选择按钮；机身最右端为计算手柄，顺时针转为加或乘，逆时针转为减或除；机身上部为报数架，上字码 10 位，为乘数、商数和次数用，下字码 20 位，为和、差、积、余数用，右侧有移位捏手，可移动黑色游标为小数指针；报数架最右端为清零手柄。

手摇计算机的原理，是通过齿轮运动来完成计算的。一般只能做四则运算、平方数、立方数、开平方、开立方。如果需要输入三角函数和对数，都需要查表。如果计算中有括号，就会相当麻烦。不仅要正摇几圈，反摇几圈，还要用纸笔记录。

飞鱼牌手摇计算机也曾在我国“两弹一星”事业中使用，而且计算量更大。以弹道计算为例，从导弹起飞到关机点，人工手摇计算一次弹道，需费时 2 个月左右。

飛魚 Fei Yu Pai

《铁路桥梁抢修挂图》

年代：1979 年

尺寸：长 105.7 厘米，宽 75.6 厘米

铁道兵纪念馆收藏了三套挂图，第一套是 1973 年 12 月由中国人民解放军工程兵司令部制的《爆破挂图》，共 28 张，主要从常用炸药、火具、土壤、岩石爆破等方面介绍爆破知识；第二套是 1976 年 6 月由中国人民解放军工程兵司令部制的《空气压缩机挂图》，共 22 张，主要从螺杆式压缩机全貌、活塞式压缩机调节设备、7655 型凿岩机结构、回转式压缩机电气设备等方面介绍空气压缩机的知识；第三套是 1979 年 10 月由中国人民解放军铁道兵司令部制的《铁路桥梁抢修挂图》，一套 36 张，主要从正桥破坏、正桥修复、钢笼基础、工字钢梁等 35 个方面介绍了铁路桥梁抢修内容。

该图是《铁路桥梁抢修挂图》的第一张铁路正桥抢修知识，上边展示的是铁路正桥照片，右下角文字描述为“铁路桥梁由于结构复杂，目标明显，战时是敌人破坏的重点。图为铁路正桥的基本构造，用以分析可能遭敌破坏情况，制定抢修预案或防护措施”。下边展示的是正桥原状，标有予应力混凝土梁、上承钣梁、栓焊下承桁梁等具体数据。

铁 路 正 桥
正 桥 原 状
中国人民解放军铁道兵司令部
一九七九年十月

新建铁路乘车证

年代：1980 年 2 月 2 日

尺寸：长 9.3 厘米，宽 6.5 厘米

这是中国人民解放军八九一一五部队新建铁路乘车证，编号是 046286，填发单位是中国人民解放军 89369 部队。

乘车证正面印有："中国人民解放军八九一一五部队""新建铁路乘车证 No.046286""定期 单程 往返"，以及乘车区间、发行日期等信息，在填发单位后盖有中国人民解放军 89369 部队的印章。

背面印有遵守事项：

1. 本证限证面记载本人在指定区间、期间内使用有效。

2. 乘车遇到查验时，应将本证和规定携带证件一并提出查验，无规定的证件，本证无效。

3. 本证只限新线内使用有效，使用全年定期必须贴有相片。

4. 本证如涂改或证面字迹不清时作无票处理，照收票价及罚款。

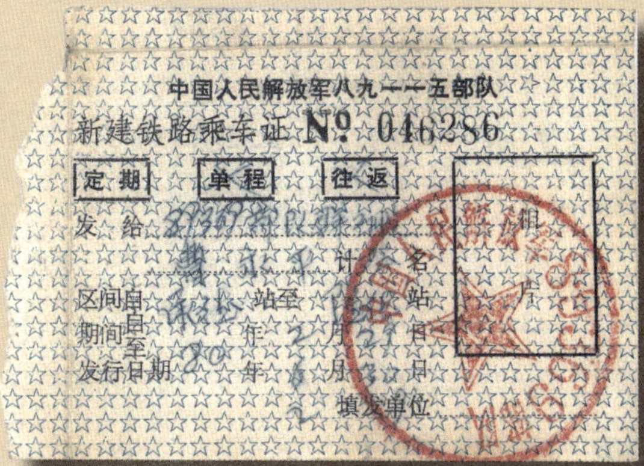
中国人民解放军八九一一五部队

新建铁路乘车证 № 046286

定期　单程　往返

发给　　　　计　名

区间自　　　站至　　　站

期间自　　　年　　月　　日

至

发行日期　　年　　月　　日

填发单位

相片

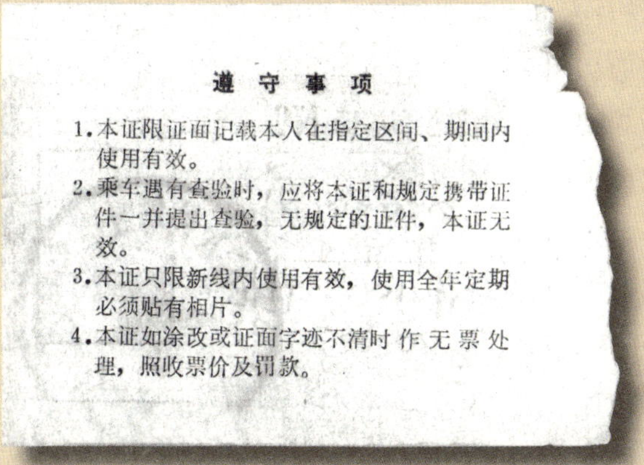
遵守事项

1. 本证限证面记载本人在指定区间、期间内使用有效。
2. 乘车遇有查验时，应将本证和规定携带证件一并提出查验，无规定的证件，本证无效。
3. 本证只限新线内使用有效，使用全年定期必须贴有相片。
4. 本证如涂改或证面字迹不清时作无票处理，照收票价及罚款。

龙均爵革命烈士证明书（复制品）

年代：1983 年 6 月

尺寸：长 60 厘米，宽 45.5 厘米

龙均爵，生于 1932 年，侗族。1951 年 6 月，参加中国人民志愿军铁道兵团，奔赴朝鲜战场。抗美援朝胜利后，他作为民兵技术指导，随中国人民解放军 8503 部队（铁道兵第三师）进驻漳平，修建鹰厦铁路漳（平）泉（州）支线。

1958 年 11 月 9 日，龙均爵远在铁岭的未婚妻来到福建，计划与他完婚。但是，工地旁的山上突发山火，龙均爵选择了带领民工扑救山火，而没有去火车站接他的未婚妻。在救火过程中，龙均爵英勇牺牲。

龙均爵勇救山火牺牲后，铁道兵 8503 部队（铁道兵第三师）为他追记一等功，国家内务部将其誉为“救火英雄”“党的好儿子”。他的遗物被收存于中国人民革命军事博物馆。

时任国务院内务部长钱瑛、中共福建省委第一书记叶飞、贵州省委第一书记周林、铁道兵司令员李寿轩为他题词立碑。雷锋曾在日记中写道：“我处处要以龙均爵为榜样，永远学习他不畏艰难困苦、敢于斗争的精神。”后来，龙均爵与刘胡兰、董存瑞、黄继光、邱少云等英雄共同入选《共和国群英谱》。20 世纪 60 年代，龙均爵事迹被编入小学教科书。

1983 年，中华人民共和国民政部为龙均爵颁发了革命烈士证明书。

革命烈士证明书
龙均爵同志因抢救国家财产壮烈
牺牲，经批准为革命烈士，特发此证，以资褒扬。
中华人民共和国民政部

“引滦入津　为民造福”锦旗

年代：1983 年 8 月

尺寸：长 140 厘米，宽 79 厘米

这是 1983 年 8 月 19 日，中央军委赠予铁道兵第八师的锦旗。

锦旗为红底金字，右侧写着“奖给受集体嘉奖的铁道兵第八师”，中间八个大字为“引滦入津　为民造福”，落款为“中央军委一九八三年八月十九日”。

引滦入津工程，是将河北省境内的滦河水跨流域引入天津市的城市供水工程，由铁道兵第八师负责施工。工程于 1982 年 5 月 11 日开工建设，1983 年 9 月 11 日通水。

引滦工程的水源地位于河北省唐山市迁西县滦河中下游的潘家口水库。总干渠的引水枢纽工程为引滦入津工程的起点，穿越分水岭之后，沿河北省唐山市遵化市内的黎河进入天津市内的于桥水库调蓄，再沿州河、蓟运河南下，进入专用输水明渠，经提升、加压由明渠输入海河，再由暗涵、钢管输入芥园、凌庄、新开河三个水厂。引水线路全长 234 公里。

引滦入津工程是当时铁道兵承担的影响力最大的外委工程，受中央军委通令嘉奖，被评为国优工程。工程建成后，也结束了天津人民喝苦水、咸水的日子，造福了天津人民，助力了城市发展。

奬給受集体嘉奬的鉄道兵第八師
引灤入津
為民造福
中央軍委
一九八三年八月十九日

第1期《铁道工程报》

年代：1984年1月1日

尺寸：长55.1厘米，宽39.7厘米

这是1984年1月1日刊印的第1期《铁道工程报》，由铁道部工程指挥部政治部出版。1984年元旦，十几万铁道兵指战员响应党和国家的号召，正式脱下绿色军服，告别军旗，开启了新的征程。《铁道兵》报也改为《铁道工程报》，成为铁道部工程指挥部党委的机关报，完成了从一个军兵种的机关报（正师级编制）到铁路建筑行业报的转变。该报为四开四版周二刊，报头由报社美术编辑赵修柱题写，在国内公开发行，国内统一刊号为CN11–0225。

报纸中刊登了：

根据国务院、中央军委对铁道兵并入铁道部实施方案的批复，经中共中央宣传部批准，《铁道兵》报从一九八四年一月一日起改为《铁道工程报》，国内公开发行，全国各地邮局均可订阅。

铁道工程報

1984年1月1日
（星期日）
第1期
铁道部工程指挥部
政治部出版

《铁道兵》报改为《铁道工程报》

根据国务院、中央军委对铁道兵并入铁道部实施方案的批复，经中共中央宣传部批准，《铁道兵》报从一九八四年一月一日起改为《铁道工程报》，国内公开发行，全国各地邮局均可订阅。

社论 发扬优良传统 争取更大光荣

一元复始，万象更新。在举国上下昂首阔步跨进一九八四年的时候，遵照国务院、中央军委的决定，并入铁道部的十几万铁道兵指战员，从今天起正式成为铁路职工队伍里的一员，开始谱写新的历史篇章。

值此辞旧迎新、欢度并入铁道部以后第一个新年的时候，我们谨向工程指挥部所属的全体干部、职工、家属致以节日的祝贺，向铁道兵组建以来三十多年中光荣献身的同志表示深切的悼念，向因公致伤、致残、致病的同志表示亲切的慰问，向已经和即将离休的老同志致以良好的祝愿。

铁道兵从一九四八年解放战争的隆隆炮声中诞生以来，在党中央、中央军委的领导下，走过了三十五年的光辉历程，胜利完成了党和人民交给的各项任务。在解放战争时期，指战员们做到了“大军打到哪里，铁路就修到哪里”，为夺取解放战争的胜利立下了功劳。……

王震为石家庄铁道学院题写的校名

年代：1990 年 1 月

尺寸：长 68 厘米，宽 46.3 厘米

这是 1990 年 1 月，时任中华人民共和国副主席，曾任铁道兵第一任司令员兼政委的王震上将为石家庄铁道学院题写的校名。

王震（1908 年 4 月 11 日至 1993 年 3 月 12 日），湖南浏阳人，上将军衔，中国共产党的优秀党员，伟大的无产阶级革命家、政治家、军事家，坚定的马克思主义者，党和国家的卓越领导人。

王震于 1924 年参加工作，1927 年加入共青团，同年转入中国共产党，1929 年参加中国工农红军。他在土地革命战争、抗日战争、解放战争时期都立下了卓越功勋，曾获一级八一勋章、一级独立自由勋章、一级解放勋章、一级红星功勋荣誉章。

1954 年 2 月，王震转任铁道兵司令员兼政治委员，同年任解放军副总参谋长。他带领铁道兵部队保持和发扬艰苦奋斗优良传统，积极参加社会主义建设。他将铁道兵总部从北京搬到现场，亲率 10 万大军，以只争朝夕的精神和战斗的姿态，披星戴月，筑路架桥，仅用 9 个月时间便高质量建成全长 300 多公里的黎湛铁路。在东南沿海形势紧张的情况下，他率部栉风沐雨，移山填海，用 26 个月时间就完成了原计划用 3 年建成的全长 700 多公里的鹰厦铁路，创造了中外铁路建设史上的奇迹。此外，王震还带领铁道兵战士率先开发北大荒，在北大荒成立了第一个且是全军最大的军垦农场——嫩江基地。

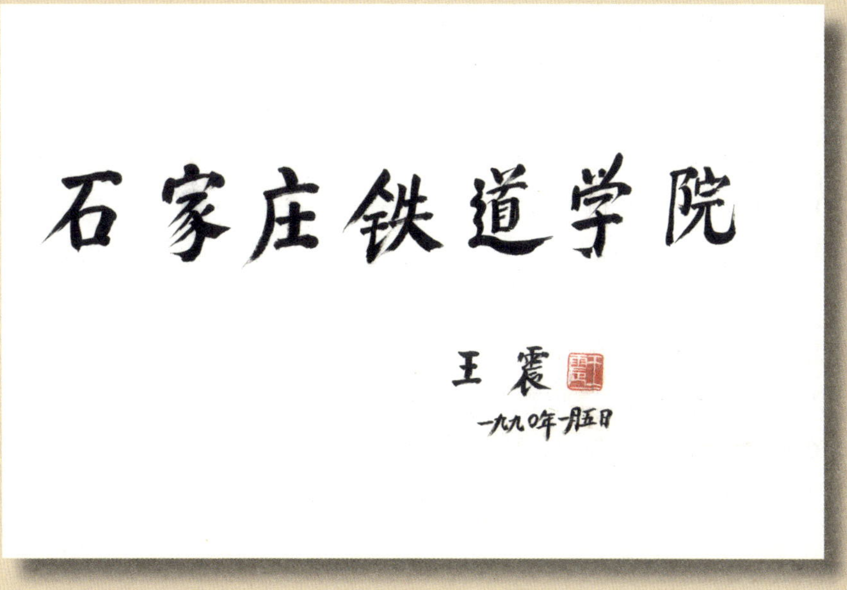
石家庄铁道学院
王震
一九九〇年一月五日

版画《啊，国旗方队》

年代：1984 年

尺寸：长 130 厘米，宽 123 厘米

这是画家赵修柱于 1984 年创作的版画《啊，国旗方队》。

版画展示的是，1984 年 10 月 1 日，已经脱下军装的铁道兵部队组成国旗方队走过天安门广场，接受祖国人民的检阅。

1959 年，石家庄铁道兵学校代表铁道兵参加了 10 周年国庆阅兵。1984 年，国庆 35 周年阅兵时，（铁道兵兵改工之后）铁道部工程指挥部组成的国旗方队在天安门广场接受检阅。1984 年初夏，国旗方队训练指挥部在石家庄铁道学院成立，指挥人员、教练人员和工作人员全部来自学院。全队 1000 余人，由 243 人手擎红布组成一面 17 米宽、25 米长、总面积 425 平方米的国旗，742 人手持黄色鲜花整齐地排列在国旗周围，将国旗衬托得十分鲜艳夺目。

这次大阅兵也成为铁道兵光辉岁月的最终献礼。

1949 35 1984
国庆 盛典